智本论

002 ▶

智本论·国际秩序

智本社——著

中国经济出版社
CHINA ECONOMIC PUBLISHING HOUSE
北京

图书在版编目（CIP）数据

智本论·国际秩序 / 智本社著 . -- 北京：中国经济出版社，2022.8

ISBN 978-7-5136-7022-7

Ⅰ. ①智… Ⅱ. ①智… Ⅲ. ①国际关系 - 研究 Ⅳ. ① D81

中国版本图书馆 CIP 数据核字（2022）第 144103 号

责任编辑 张梦初 高 鑫 戴 瑛
责任印制 马小宾
封面设计 卓义云天

出版发行 中国经济出版社
印 刷 者 北京科信印刷有限公司
经 销 者 各地新华书店
开　　本 710mm × 1000mm 1/16
印　　张 18
字　　数 200 千字
版　　次 2022 年 8 月第 1 版
印　　次 2022 年 8 月第 1 次
定　　价 65.00 元
广告经营许可证 京西工商广字第 8179 号

中国经济出版社 **网址** www.economyph.com **社址** 北京市东城区安定门外大街 58 号 **邮编** 100011
本版图书如存在印装质量问题，请与本社销售中心联系调换（联系电话：010-57512564）

序：追问

在这个时代，提出一个好问题比解惑更为珍贵。

2008年以来，我们经历了什么？金融危机、债务危机、政治民粹运动、经贸摩擦及逆向全球化、新冠肺炎疫情大流行、史诗级股灾、供应链危机、生育率断崖式下降及人口危机、国家冲突及战争、能源危机、粮食危机、国际秩序崩坏……世界，正滑入“马尔萨斯陷阱”吗？

每一个大问题都关系到人类的前途和个人的处境。但是，现代人追问能力的退化及网络传播下信息的泛滥，让问题变得复杂与神秘。

金融危机为何爆发，是美联储加息所致还是降息所致？是格林斯潘的问题还是美联储的问题？是美联储的政策问题还是制度问题？是监督制度问题还是央行及法定货币制度问题？央行及法定货币制度问题的本质又是什么？货币理论是否有问题？

显然，后危机时代，我们并未深刻认识到这些问题，以致金融体系不可挽回地恶化，货币沦为“公地悲剧”。集体行动如何避免“公地悲剧”？国家组织扮演了进步角色还是成为始作俑者？国家为何陷入“诺斯悖论”？

法国大革命后，民族主权国家成为人类进步的重要力量，国家现代化已是大势所趋。在全球化时代，民族主权国家与经济全球化是否会产生矛盾？当下，国家冲突是否与这一矛盾有关？全球一体化的认知是否有误？未来，国家组织如何演变？

为何有些国家经济增长快，有些国家则陷入停滞？为何有些国家的经济增长快但家庭财富增长慢？这种经济增长模式是否可持续？当货币增速长期大于经济增速时，经济将走向何方？当经济增速长期大于家庭收入增速时，经济又将如何演变？

贫富分化是这个时代不可回避的问题。贫富差距的原因是什么？何处存在正当性和不正当性？货币政策是否加剧了不平等？福利主义是否破坏了公平竞争？

人口危机又是一大社会焦虑。生育率下降的合理因素是什么？生育是否是必需品？额外因素是否增加了生育成本？老龄化的问题是养老问题、增长问题还是制度问题？通货膨胀、公共养老制度是否恶化了养老问题？

新冠肺炎疫情大流行搅乱了这个世界。传染病是不是人类社会风险的一部分？大流行是不是经济全球化风险的一部分？防疫是科学问题还是集体行动困境？科学产生于集体行动还是自发秩序？集体行动的制度变迁与自发秩序的自然演变如何契合？

困惑，亦是我写下百万字且继续写作的动力。长期以来，我追问的线索是经济学的思维，即个人经济行为。不过，经济学“埋雷”无数，同样需要不停地追问。

追问不止，笔耕不息。智本社，与思想者同行。

清　和

2022年6月，深圳

前言

《国际秩序》作为“智本论”系列丛书的第二本书，继首本书《国家转型》专注各个国家发展史后，开始探究国家间的秩序关系。《国家转型》《国际秩序》与《转型中国》三本书又组成了一个大专题，关注时代变化下的国家制度变迁。

全球化秩序重构是全书的一个重要观点。本书以国际金融、货币等经济秩序的演变为主要逻辑，以经济学原理为理论支点，透视国家之间的合作、冲突及博弈等背后的经济事实。在分析新旧国际秩序演进的表现、原因时，经济全球化与国家制度之间的矛盾是本书的重要视角。

在当下疫情危机、石油及粮食危机、战争及地缘政治危机四伏的大时代，本书重启马尔萨斯陷阱这一概念来阐述国际秩序的解构与重建。

全书分为八章，分别为：后秩序时代、大国博弈、马尔萨斯陷阱3.0、中美关系、大学治家、思想市场、历史观、新视野。

第一章为“后秩序时代”。本书认为，当今世界的经济动荡与政治冲突，正是全球化新旧秩序相互博弈的表现。2022年以来，俄乌冲突引发世界关注。本章剖析这场冲突对国际金融能源格局乃至国际秩序的影响，进而阐述“后秩序时代”的演进特征。

第二章为“大国博弈”。本章的研究线索是国家制度与经济全球化之间的关系，这也是本书理解国家之间动态关系的重要视角。这一章节的三篇文章以经济学原理阐述国家之间的合作、博弈及国家自身的演化。

本书认为，维系国际秩序稳定是一项“公共成本”。这是一个国际难题。公共成本“挑担人”一旦缺位，全球秩序将陷入动荡不安。在《大国冲突的假象》一文中便以国际汇率体系的演变为案例重点阐述了这一观点。同时，在剖析国家利益为何是大国冲突假象这一问题的过程中，再次深化国际秩序新旧演进的主题。

本书也相信，经济全球化是一条演进之路，是人类通往繁荣与和平之路。这是亚当 · 斯密的学术遗产。

在“马尔萨斯陷阱 3.0”这一章，重点关注技术对人类社会发展的作用。本章以三个词——“秩序重构”“危险边缘”“破局之道”归纳马尔萨斯陷阱如何困扰着不同历史时期的人类。当今，世界经济增长持续低迷与泡沫风险巨大，人类正在遭遇存量斗争的困扰，而唯有制度建设、科学技术是破解困境之法。

“中美关系”这一章包括三篇文章，分别围绕“贸易压舱”“底层逻辑”与“世界秩序”展开，分析中美贸易结构、回溯利益大循环、探究贸易失衡深层原因。中美是全球大国，中美关系稳定对全球有着深远影响。中美关系演变也是观察全球化秩序变迁的一种视角。

本书的“大家治学”章节为读者介绍一位政治经济学集大成者——大卫 · 李嘉图。本章重点介绍了其比较优势理论，这一理论至今仍是国际自由贸易的理论基石。理解大卫 · 李嘉图及其学说，能帮助我们更深刻理解全球化。

“思想市场”章节解构“群氓”，试图以思想市场、私人契约和经济制度三个角度分析这种伴随群体而生的集体现象。此外，本书还有“历史观”和“新视野”两个章节。

“历史观”通常以再现、叙事的手法为读者展现某个或者连续的历史时代里的经济、社会现象。本文的“历史观”包含两篇文章，分别描绘了奥运在不同历史时代中传达的社会精神意义以及讲述了香港在特别时期作为中华民族窗口的角色意义。

“新视野”关注当下的新技术、新趋势、新现象。本书为读者介绍和分析“元宇宙”及其背后的经济逻辑。

最后，希望读者能够在本书阅读过程中获得知识与乐趣，以经济学的思维思考工作和生活中的现象与问题。本书如有任何疏漏之处，还望读者给予批评指正。

目录

后秩序时代

后秩序时代：俄乌冲突 // 002

后秩序时代：特朗普现象 // 022

大国博弈

大国冲突的假象 // 038

大国博弈的演变 // 051

大国技术的答案 // 063

马尔萨斯陷阱3.0

马尔萨斯陷阱 3.0：秩序重构 // 078

马尔萨斯陷阱 3.0：危险边缘 // 093

马尔萨斯陷阱 3.0：破局之道 // 107

中美关系

中美关系之贸易压舱 // 126

中美关系之底层逻辑 // 141

中美关系之世界秩序 // 157

大家治学

大卫·李嘉图与他的比较优势理论 // 174

新视野

元宇宙，新赛道 // 184

思想市场

群氓狂欢与世界真相 // 198
奥运神话落幕 // 222

历史观

香港：民族窗口，中美支点 // 238
国家何以兴衰：权力的游戏与大国的代价 // 255

后秩序时代

大时代，猛浪若奔，暗礁险滩。

20世纪70年代以来，信息化、金融化与全球化掀起时代巨浪，世界秩序为之大变。全球化秩序正在倾斜，国际收支长期失衡，金融泡沫持续膨胀，贫富差距迅速扩大……

2008年金融危机爆发后，“特朗普现象”在国际政治舞台流行，国际经贸秩序摇摇欲坠。2022年，俄乌冲突爆发，地缘政治风险飙升，并引发能源危机和粮食危机，国际政治秩序及金融能源格局危如累卵。

旧秩序崩坏，但新秩序未成，世界正在滑入新型的马尔萨斯陷阱，我们正在步入后秩序时代。

后秩序时代：俄乌冲突

边缘政治，是改变国际秩序的突变力量。

2022年2月，俄乌冲突猛然惊醒世界。这场原本是拜登、普京各取所需，欧洲受挫憋屈，乌克兰吃亏流血，旧秩序还能苟延残喘的战争，结果因俄军行动进展不及预期、泽连斯基政府坚持抵抗以及欧洲公众参战情绪陡增，演变为美俄骑虎难下、德国历史性转变、国际制裁全面升级、核威慑骤增及欧洲政治激情重燃的世界地缘政治巨震。

俄乌冲突正在冲击摇摇欲坠的国际秩序。

01
俄乌冲突与德国突变

这场冲突，是冷战结束后世界最大的地缘政治危机，也是“二战”以来欧洲最大的地缘政治危机，它正在点燃欧洲国家的政治激情。

俄乌冲突的爆发打破了欧洲与俄罗斯之间的默契，核心是德国与俄罗斯的潜在关系。为什么这么说？

这要从《明斯克协议》说起。2014年2月，乌克兰政府军与乌东亲俄势力发生流血冲突，引起了顿巴斯战争。4月，在德法斡旋下，双方签署了停战协议，即《明斯克协议》。

这项协议文件的签字方是欧安组织、俄罗斯政府、乌克兰政府及乌克兰东部顿巴斯地区政府的代表。你会发现，这项涉及欧洲安全及俄罗斯核心利益的协议，是德法和俄罗斯主导的，美英被边缘化了。虽然欧安组织包括美英，但是这个组织最初设立时，美国是反对的，如今它的领导权主要在欧洲。

《明斯克协议》被认为是德法撇开英美独立处理欧俄关系的重大外交成就。同年6月，当时法国借纪念诺曼底登陆70周年之际，邀请俄罗斯、德国、乌克兰首脑在诺曼底就乌克兰局势进行磋商。这种协商方式被高调地冠以“诺曼底模式”之名，可见德法颇为看重这一独立外交成果。

同时，《明斯克协议》还是德俄默契关系的延续，核心是默克尔与普京的稳定关系。要知道，顿巴斯战争爆发后，克里米亚危机就爆发了，美国在3月立即对俄罗斯做出了经济制裁。在这种局势下，德法与俄罗斯协商化解了这场地缘政治危机。虽然欧盟也制裁俄罗斯，但是德法特意把最关键的能源和金融制裁剔除了。

在俄罗斯问题上，欧洲要比美国更温和。因为德法不希望与俄罗斯彻底决裂，以避免遭遇巨大的地缘政治危机与经济冲击，进而在安全与外交上更加依赖美国。德国要比欧盟更温和。默克尔主张有限制裁俄罗斯，不能危及德俄的能源贸易。在2014年，欧洲30%的天然气依赖俄罗斯，法国是18%，意大利是20%，而德国是40%。

默克尔来自德意志民主共和国，与普京的私交不错。更重要的是，她执掌德国16年，奉行的是艾哈德、科尔及联盟党一贯以来的“第三条道路”。“二战”后的德国长于经济科技，弱于政治军事，欧盟的地缘政治事务更多依赖法国。默克尔的执政风格很“德国”，她稳定、务实、谨慎，奉行折衷主义，努力在美国与俄罗斯之间、在欧盟与俄罗斯之间寻找平衡。

2011年，德国与俄罗斯开通了北溪一号天然气管道，该管道途经乌克兰，是德国天然气的生命线，这次制裁也不会关闭它。2018年，默克尔与普京推动北溪二号天然气管道项目。管道的设计特意避开了乌克兰、波兰，由俄罗斯经波罗的海海底直通德国。从中可以看出，默克尔更加信任俄罗斯，而不是乌克兰。

但是，当国际局势日趋对立，折衷主义逐渐无路可走。时任美国总统特朗普反复敲打德国，批评默克尔在俄罗斯问题上丧失原则。他指责，美国领导的北约每年为欧洲防务支付大量的费用，德国不仅佯装制裁俄罗斯，还与俄罗斯“通气”。特朗普要求北约盟国增加军事支出，希望德国军费增加到GDP的2%。但是，默克尔不愿意妥协。特朗普便下令撤走了2000名在德国的驻军，同时制裁了参与北溪二号天然气管道项目的德国能源企业。特朗普任期内，德国与美国的关系迅速降温。2021年，欧洲议会也要求欧盟终止北溪二号项目，但默克尔依然反对。

外界批评默克尔没能抑制东欧的威权主义和西欧的民粹主义，这威胁着欧洲的价值观与政治安全。就连她自己也认为，仅做可预测的改变，不实施大刀阔斧的改革，欧盟可能在内外部政治动荡中走向分裂。

2021年德国大选，“求变”是主旋律，联盟党败北，朔尔茨领导的社民党将联盟党踢出局，与绿党、自民党联合组阁。“默克尔式稳定”正随着默克尔的退出而降温，稳定的德国政治将要发生改变，而普京感受到的是巨大的风险。

朔尔茨内阁刚刚组建，在外交上便向俄罗斯及一些国家发出了强烈的信号。德国政府对北溪二号按下了暂停键。对普京来说，最大的不安来自乌克兰加入北约的可能性大大增加。2014年克里米亚危机后，普京就担心乌克兰通过北约来夺回克里米亚和乌东地区。过去默克尔对乌克兰加入北约及欧盟构成一定的牵制。但是，随着默克尔临近退休，这种牵制越来越弱。

2020年，泽连斯基领导乌克兰获得了北约“增强伙伴国”地位。2021年6月，乌克兰武装部队司令在“增强伙伴国”周年纪念会上称，乌克兰加入北约不仅将有助于增强乌克兰的防御能力，也有助于北约自身的壮大。乌克兰外交的战略目标是进一步有效利用这一地位，并最终成为北约正式成员。默克尔卸任后，普京选择先发制人，俄乌冲突爆发。

到这里，你会发现，默克尔是俄罗斯与欧盟关系的脆弱支点。克里米亚危机后，默克尔与马克龙在俄美之间的局促空间里谋求欧盟利益最大化——地缘政治稳定、能源安全与独立外交。《明斯克协议》是他们看重的独立外交成果，北溪二号是他们渴望争取的能源安全。但是，默克尔卸任后，俄乌冲突爆发，摇摇欲坠的德俄、欧俄关系破裂。

这也是美国想看到的。这一边，在俄乌冲突上，拜登表现得极为淡定，他要做的就是顺水推舟，策略是“以乌制俄”“以俄控欧”。考虑拜登的初衷：首先，拜普视频会上，双方可能交代了底牌，避免俄罗斯与美国的直接军事冲突；其次，美国不直接出兵，安排泽连斯基流亡，乌克兰陷入危局或战争，消耗俄罗斯国力；再次，加大对俄罗斯的经济制裁及政治对立；最后，敲打德法“通俄”，贯彻他的联合西方战略，强化对北约及欧洲的领导权。如此，成本最小、收益最大。那一边，只要美国不直接出兵，普京也愿意开启这场政治豪赌。当然，这并不是说拜登策动了这场战争。笔者认为，拜登的选择，战略上是对的，策略上是错的。美国需要利用其他策略避免这场战争，但拜登无力无心这么做，而是选择了因势利导。

所以，这场战争，普京与拜登最初的预设可能是：俄美各取所需、德法受挫憋屈、乌克兰吃亏流血。但是，战火开启后，形势却不是人能控制住的。俄军行动进展不及外界预期，泽连斯基政府抵抗意志强烈，国际民众纷纷要求欧美支援乌克兰、严厉制裁俄罗斯。这时，欧美国家立即加码，迅速扔出“金融核弹”，对俄罗斯启用SWIFT制裁。

最开始，德国并不“积极”，试图阻挠欧盟启用SWIFT制裁俄罗斯，明确表示不给乌克兰提供致命性武器，只是敷衍式地投送了5000个钢盔。但是，进攻战打响的第三天，德国的态度发生了戏剧性的转变。德国政府迅速改变了对俄战略，甚至改变了国际战略。

朔尔茨宣布向乌克兰提供1000枚反坦克武器和500枚“毒刺”型地对空导弹。同时，朔尔茨还宣布建立1000亿欧元国防基金，将把国防预算提升至GDP的2%。他强调：“在历史的转折点，德国需要建立一个高效、高度现代化、先进的联邦国防军，以保卫我们的自由和民主。”①

这场战事将正在谋变的德国政治和还有所顾虑的朔尔茨往前推

① 德国总理朔尔茨2022年2月24日关于乌克兰局势的发言。

了一把。俄乌冲突爆发后，德国民意汹涌，超过10万人走上柏林街头抗议。过去一贯反核的绿党（执政党之一）强烈要求降低德国对俄罗斯的能源依赖，甚至不惜重启国内核电站运行。

这被认为是历史性的改变。“二战”后的德国，经济崛起、科技强劲、政治示弱、军事自弱。德国是一个不善变的国家，如今，他们开始谋求政治强音、军事崛起，军费投入提高到之前特朗普建议的水平。这场战争降低了默克尔的历史地位。有人批评，正是默克尔的过度谨慎与短视助长了普京的野心，执掌德国16年的她完全可以提高德国的防御能力，降低欧盟对俄罗斯的能源依赖。甚至，有人制造了两个名字来解释德国的这种转变：“张伯伦·默克尔”与“丘吉尔·朔尔茨”。

在后默克尔时代，德国需要走出默克尔主义的舒适区，必须在欧洲内部政治冲突与国际地缘政治边缘化上更有作为，以更好地延续社会市场经济，以及将其拓展到欧洲一体化之路上。但是，德国人和其他欧洲人需要警惕德意志曾经那股可怕的激情政治。这场冲突触发了欧洲人对安全的担忧，点燃了欧洲人被“二战”熄灭的政治激情，也正在改变国际地缘政治。

02

政治激情与军备竞赛

德国的转变让欧盟的态度更加坚决，欧盟史无前例地同意直接购买并运送武器给乌克兰。欧盟作为一个经济政治组织，与北约军事行动少有交集，但是这次欧盟发展了军事“后勤”的力量——具备一定的安全防御作用。这就是泽连斯基希望“火线入欧”的原因，同样，这也给欧盟出了一道难题。受此刺激，连格鲁吉亚也提交了入欧申请，未来会有更多国家要求加入欧盟。

在欧洲，法国定会有所行动。作为欧洲政治与安全防卫的主力，法国始终保持着戴高乐般的高卢雄鸡的骄傲，试图在美俄国际政治格局中，成为独立的“第三极”。马克龙以“欧洲领袖”自居，呼吁打造“欧洲军队”。但是，法国没有足够的政治与军事力量建立和捍卫一个庞大的“欧洲合众国”。

2021年，美英宣布支持澳大利亚海军建立核潜艇部队，为澳大利亚建造8艘核潜艇。澳大利亚为此撕毁了此前与法国企业达成的潜艇大单，令法国颜面尽失，法国外长怒斥此举是“背后捅刀”。其实，这一事件更深层次的危机是欧洲在地缘政治中正被边缘化，也是美英战略重返日澳印的一个表现。战争开打前，马克龙与普京进行长桌会谈，马克龙强调努力阻止战争；第二天，拜登与普京视频会谈后，直接打脸马克龙，抛出入侵消息。这场冲突激发了法国人的政治激情，法国将会更加努力寻求政治地位，与德国共同打造“欧洲军队”。

在欧洲，最不能被忽略的国家是英国。俄乌冲突中，英国是支援乌克兰最直接、最迅速的欧洲国家。为什么？这可能是英国的欧陆均衡政策的一种延续。这次也不例外。还有一个原因，英国是一个具有保守主义传统的国家，这一点很重要。从现实的角度来看，英国脱欧后，英与美加澳新联合，这五个盎格鲁—撒克逊国家对俄罗斯及一些国家发出一致强硬的声音。这场战争后预计英国还是朝这个方向走，强化盎格鲁—撒克逊五国的联合，以平衡德法军事崛起的欧盟，以及制衡俄罗斯阵营。

除了德法英，欧洲其他国家及中立国的态度也发生了“根本性”转变。固守了200多年中立立场的瑞士，受到民众及政党的压力，加入了欧盟制裁俄罗斯的行列，包括冻结俄罗斯总统普京的资产、禁止一些俄罗斯高层与瑞士的联系、对俄关闭瑞士领空。这威胁到俄罗斯能源寡头的经济利益。瑞士媒体估计，俄罗斯八成的石油和天然气贸易在瑞士进行。这场战争让瑞士公民开始重新考量自己在国际地缘政治冲突中所扮演的固有的中立角色。

另外，长期对北约保持距离的两个北欧国家芬兰和瑞典，如今正认真考虑加入北约。1939年，苏联要求芬兰国界退后，建立安全地带，避免“过于威胁到列宁格勒的安危”。芬兰拒绝，苏联发动了惨烈的苏芬战争。这场战争是芬兰人的历史伤痕，战后的芬兰反苏又忌惮苏，只能采取中立态度，与苏联和北约均保持距离。这就是芬兰人不想提起的“芬兰化”。俄乌冲突激活了芬兰人的历史记忆，进而担忧芬兰模式的前景。

瑞典是北欧安防的保障者，曾在苏芬战争中直接提供武器给芬兰。但是，瑞典在两次世界大战及冷战时期都保持着中立。不过，在俄乌冲突打响时，瑞典迅速地运送了5000套反坦克武器给乌克兰。

再看南欧。科索沃“国防部长”阿曼德·梅哈吉表示，在俄乌爆发军事冲突之后，科索沃已要求美国在当地建立永久军事基地，同时加快其加入北约组织的进程。

普京原本想阻止北约东扩，但战事开启让欧洲感到空前的恐惧，中立国及小国反而愈加谋求加入北约，寻求美国的军事保护。

另外，横跨欧亚的北约国家土耳其跃跃欲试。土耳其与乌克兰贸易关系密切，同时对俄罗斯的能源依赖大，在这场战争中，土耳其表现积极且态度摇摆。土耳其表示不愿意制裁俄罗斯，但宣布关闭关键的博斯普鲁斯海峡和达达尼尔海峡。看到乌克兰试图“火线入欧”，土耳其总统埃尔多安也喊着要加入欧盟。这个政治强人经常跟北约吵架，也依仗北约谋求大国地位，与哈萨克斯坦等国家组建所谓的“突厥国家组织”。

近些年，美国的战略正在调整：固守强化欧洲、弱化中东中亚、战略回归日澳印。美国还是国际秩序的最大主导者，美国的战略转变深刻地影响着国际秩序。这场战争正在往拜登“以俄控欧”的欧洲战略上走：欧洲诸国强化对美国的军事依赖，德法投入更多军费抗衡俄罗斯，美国好战略抽离到日澳印地区。但是，拜登未必预判到欧洲的民意汹涌以及德国的历史性转变。德法军事崛起，欧洲政治团结，这是不是美国真正想看到的呢？

美国一边战术性放弃与局部撤离中东中亚，一边不断地强化与日澳印的联系。

在中东，美国在2018年对伊朗实施了SWIFT制裁，伊朗出口消失了80%；特朗普还狙击了伊斯兰革命卫队的一位将军苏莱曼尼，两国关系跌入冰点。不过，美国在中东的军事势力随着撤军而收缩，俄罗斯反而强化了对这一地区的渗透，叙利亚和阿塞拜疆表示支持俄罗斯对乌克兰的军事行动。如今，俄乌冲突爆发，对欧美国家威胁最大的就是能源危机，美欧对中东石油的依赖度会大幅度上升。这样，缓和美伊关系的机会窗口便打开了，伊朗的石油贸易能否打破僵局？

再看中亚，拜登从阿富汗撤军，中亚留下权力真空，哈萨克斯坦立即政变，其总统请普京派兵清剿政治对手。如此，普京扩大了对中亚的势力范围，阿富汗的邻国巴基斯坦在俄乌冲突中支持俄罗斯。不过，有意思的是，普京“请兵勤王”，哈萨克斯坦托卡耶夫总统却不愿承认乌东两个“共和国”的独立，拒绝参与俄罗斯针对乌克兰的特别军事行动。要知道，哈萨克斯坦与俄罗斯签订了军事同盟协议，普京派俄兵进入哈萨克斯坦帮托卡耶夫平叛，就是以集安组织的名义。但是，托卡耶夫显然不想卷入俄乌冲突。为什么？

哈萨克斯坦自独立以来，老总统一直坚持中亚平衡战略，与俄中美保持适度关系。另外，作为后苏联国家，哈萨克斯坦有一个敏感问题，就是民族问题。哈萨克斯坦需要防止重蹈苏联覆辙，因民族分裂而导致国家解体。哈萨克斯坦境内也有不少非哈族人，而乌东两个“共和国”独立的深层次矛盾正是民族矛盾。

美国撤出中亚，俄罗斯乘虚而入，其他国家如何应对中亚变局？中亚对中国非常重要，主要在能源进口与西藏、内蒙古、新疆的稳定上。中国与哈土两国的能源关系紧密。哈萨克斯坦内乱过后，土库曼斯坦总统计划提早将权力交给儿子。土库曼斯坦是一个存在感很低的“神秘国家”，但向中国输送的能源规模很大，西气东输的天然气主要来自土库曼斯坦阿姆河。

再看东亚，先说日本。“二战”后，作为战败国，日本利用一次次亚洲战争的机会，如朝鲜战争、越南战争，寻求美国的帮助，拓展军事空间，提高政治地位。有人将德国在俄乌冲突中的“历史性转折”类比为日本当年在朝鲜战争中捕捉到的机会。如今，在美国战略回归日澳印的背景下，日本不想放弃这场俄乌冲突创造的机会。日本前首相安倍晋三声称，“虽然日本为不扩散核武器条约加盟国家，持无核三原则”，但是，鉴于俄乌局势，日本国内应该探讨与美国的“核共享”相关问题。这对东亚局势的稳定构成了威胁，也在冲击联合国框架下的核秩序。如今安倍晋三成为细田派的领导人，对日本国会的影响很大。近些年来，日本民意转变很快。日本的政治体系是一种派系政治，如今各派系纷纷迎合民意角逐上岗。

与日本相似，近些年韩国的民意汹涌与民族情绪高涨。2022年是韩国大选年，如今韩国新总统上任，韩国外交政策即将生变。

东南亚国家比较多，它们组成了“亚细安①”。新加坡是亚细安的领导者，这个国家是利用威权主义过渡到开放型国家的典型案例。政治强人李光耀利用新加坡特殊的地缘政治地位，在冷战及全球化时代实施了有效的大国平衡之术。当年，他多次从中斡旋促进了中美关系加深。在近些年的个别事件上，新加坡还吃尽了金融贸易外溢的红利。但是，如今地缘政治冲突愈加激烈，新加坡的横跳空间愈加狭窄。“大象打架，小草遭殃”，新加坡外交官员发出无奈的喟叹。他们根据家门口通过的军舰数量来判断国际地缘政治的稳定性。2021年，新加坡海峡通过的军舰数量同比增加了1/4，这让新加坡对亚洲的局势感到担忧。

亚细安新加入的越南最近10多年在闷声发大财。冷战时期，越南夹在两极中间遭遇20年的代理人战争；之后又纠结于意识形态与历史包袱，错过了20世纪八九十年代的全球化浪潮。但是，进入千禧年后，这个国家想通了，赚钱过日子要紧，锐意革新，扩大开放，发展出口制造业。在外交上，韬光养晦，不露头不站队，两边通吃，承接两头的资金与技术。即便在疫情之下，越南领导人仍然表示要尽快开放、恢复生产，抓住千载难逢的产业转移机会。

---

① 亚细安一般指东南亚国家联盟（Association of Southeast Asian Nations，ASEAN）

如今的越南是一种典型的东亚模式，它的经济兴起可能带动亚细安国家发展。印度尼西亚、马来西亚、菲律宾、泰国抓住了20世纪六七十年代的机会率先发展，如今大有后来居上之势的越南，让它们看到承接国际产业转移的可能性。

总体来说，这场战争对亚细安的影响有限。但是，亚细安需要考虑的是，这场战争加速了美国战略回归日澳印，届时亚细安将成为充满不确定性的中间地带。

南亚的核心国家是印度。印度总理莫迪是一个政治强人，推动印度多次冲击联合国五常席位。他使用的是大国平衡术，利用美国的战略回归和地缘政治事件，吃进美国和俄罗斯两头的武器。在俄乌冲突中，莫迪没能把准普京的意图导致未能及时撤侨，但后知后觉的他还是分批把人撤回来了。在这个问题上，印度之前没有过度介入，还是坚持平衡外交，在安理会上投了弃权票，拒绝对这场战争定性，同时呼吁和平解决。在整个亚太局势中，印度是美俄中一个很微妙的支点。如果印度平衡战略改变，亚太局势将存更多变数。

再看澳大利亚。与日本一样，澳大利亚也在利用亚洲的地缘政治问题强化与美英的合作。2022年2月，澳大利亚举行了澳英美“三边安全伙伴关系”以及日美澳印“四边机制”外长会议。未来，在美国战略回归的推动下，澳大利亚的国际政治力量可能显著提升。澳大利亚是亚太日印澳与盎格鲁—撒克逊五国联盟中唯一的交集国。

接着看南美。疫情之下，巴西和阿根廷经济遭遇重创。阿根廷的通胀率很高、债务沉重，正在与亚洲大国寻求经济合作。同时，巴西与俄罗斯合作冲击联合国五常席位。不过，巴西和阿根廷难以撼动国际秩序，南美是美国当年走出孤立主义的第一站，它们定然会忌惮美国的“门罗主义”。

03
铁幕落下与秩序崩坏

最后，最不可预测的就是俄罗斯。

俄罗斯始终是一个谜。30多年过去了，俄罗斯还是一个没有融入这个世界的边缘大国。普京对俄罗斯的边缘化非常不满，他认为，西方应该重新考虑并尊重俄罗斯的国际地位。

如今的国际秩序还是“二战”后建立的秩序。它分为政治秩序与经济秩序。政治秩序以联合国为核心，由美苏英法中五常领导建立，包括全球核控制等政治事务都在这个组织领导之下，但冷战之下美苏在政治上难以协同。经济秩序主要是布雷顿森林体系，其三大支柱为关税及贸易总协定（现在的世贸组织）、国际货币基金组织及世界银行，它主要由欧美国家建立，注意中国是这个体系的创始国，但苏联计划经济无法与之融合。

苏联解体后，俄罗斯继承了联合国的苏联席位，但一直没能真正融入国际秩序，甚至愈加边缘化。俄罗斯的战略重心在欧洲，但具体到欧洲问题上，军事上没能加入北约，政治经济上没能进入欧盟。为什么会这样？

这里需要简单说一下北约的历史。北约是冷战的产物，与之对应的一个组织叫华约。1949年，美国对欧洲实施马歇尔计划。为了加强欧洲的军事防御，美与英法荷等11个欧洲国家组建了北大西洋公约组织，简称北约。北约是一个以实现防卫协作为目的的国际军事组织。这个组织规定，缔约国任何一方遭到武装攻击时，应将其视为对全体缔约国的攻击。

1954年，北约吸纳德意志联邦共和国加入，这引起了苏联阵营的警惕。第二年，苏联与德意志民主共和国、匈牙利、保加利亚等一些社会主义国家组建了华沙条约组织，简称华约。华约也是一个国际军事组织。随着冷战的深入，北约与华约都各自吸纳成员，双方的军备竞赛与军事对抗也日趋激烈。

1991年，苏联解体，冷战结束，华约也正式解散。欧美国家乐观地看到了“历史的终结”，实际上华约国家包括苏联内部的联盟国也希望融入西方。这是当时的社会思潮。

这时候，北约也做出改变。当年的北约国防部会议决定，将“前沿防御战略”转变为“全方位应付危机战略”；同时，大规模精简部队，削减核武器，但仍将保持一定的核威慑力量。北约还有一项重要改变就是推行和平伙伴关系计划，吸纳中东欧和苏联内部的联盟国。这就是北约东扩。

普京最近提到，在苏联解体前夕，美英向苏联承诺北约不东扩，但是很快苏联就解体了，这事没人提了，苏联内部的联盟国也开始谋求加入北约。实际上，苏联刚刚解体，叶利钦就与北约领导人讨论过加入北约的事宜。

接下来，就是北约东扩的工作。在1994年布鲁塞尔首脑会议上，北约与中东欧国家以及俄罗斯建立了“和平伙伴关系计划”。1997年，第一批加入的是波兰、捷克、匈牙利。

我们重点关注俄罗斯与北约的关系。其实，俄罗斯与北约有合作也有冲突。1995年，俄罗斯加入了北约“和平伙伴关系计划”，签署了北约与俄罗斯的《双边军事合作计划》和《定期公开磋商制度框架文件》。俄罗斯还与北约共同建立了北约—俄罗斯常设理事会。

不过，1999年，因为科索沃战争，俄罗斯与北约中断了联系。这场战争过后，俄罗斯丢掉了南欧的控制力。第二年，北约秘书长访俄，与俄罗斯恢复了联系。接着，普京提议，俄罗斯与欧盟、北约共同建立全欧非战略性导弹防御系统。但是，当年，波罗的海三国申请加入北约，俄罗斯表示反对。2001年，普京首次访问北约总部，北约秘书长向普京提交了关于双方在反恐等领域进行深化合作的一揽子建议。

但是，随着反恐战争的深入，普京与北约的分歧与嫌隙越来越大。“9·11”恐袭改变了国际地缘政治，中国支持美国反恐，美国支持中国“入世”，中美关系一度进入“蜜月期”。但是，俄罗斯的处境大为不同。小布什政府接连发动了伊拉克战争和阿富汗战争，北约军费开始上涨，势力往中东、东欧、中亚大力渗透。2004年，北约第二次东扩，一口气吸纳了7个国家，成员国扩大到26个。

这让普京感受到了危机，眼睁睁地看着邻国纷纷倒向北约，抱团取暖；而北约似乎从俄罗斯的潜在伙伴也变成了敌手。有人提出，俄罗斯也可以加入北约啊。

这是问题的关键。普京最近透露，他在2000年向美国总统克林顿提过：美国将如何接纳俄罗斯加入北约？但是，克林顿的回答很温和：我不反对。

为什么俄罗斯没能加入北约？一种说法是俄罗斯不满足加入北约的条件，另一种说法是欧美人对格鲁吉亚慈父心生历史忌惮，还有一种解释是北约对军力强大的俄罗斯有所顾忌，普京不肯削减规模庞大的核弹头。因为缺乏真实信息，无法分析其中缘由：俄罗斯是否提交过加入北约的正式申请？双方有没有认真谈过？曾有过几轮谈判？分歧点在哪儿？最后为什么失败？主要问题在北约还是在俄罗斯?

总之，俄罗斯没能加入北约，北约又步步东扩，一些国家传统势力纷纷倒台，这让普京的心态从担忧、警惕转变为恼怒、攻击。2008年开始，他在格鲁吉亚、叙利亚等频频主动出击，同时强化了军事同盟集安组织的力量，但似乎都无力阻止北约东扩。最终，乌克兰成为他的底线。普京在2014年乌克兰亲俄政府倒台后主动出击，控制了克里米亚及乌东地区。这是俄罗斯与北约关系的转折点，北约与俄罗斯中断了正常合作关系。德国默克尔卸任后，俄罗斯与欧盟的脆弱关系断裂，普京开启了这场政治豪赌。

另外一个巨大的疑问是：俄罗斯经济为什么没能融入全球化?如果俄罗斯深入了国际分工体系，今天这场战争不可能打响。中国改革开放后，大量的资本与技术进来，工厂遍地开花，农民纷纷进城，商品大规模出口。但是，这种火热的自由市场与国际分工体系没能在俄罗斯生长。问题出在哪里?

原因是多方面的，有三点可能很关键：

一是苏联半个多世纪的计划经济扼杀了自由市场启蒙的要素，如企业家精神。

苏联是世界上唯一一个彻彻底底搞过计划经济的国家，这可以说是一次人类计划方式的重大社会试验。苏联将计划经济变成一个精密控制系统，在棉花、糖果、石油等每个领域都成立了核算部门。到20世纪80年代，仅物资供销机构的商品平衡表就超过1万个。这种纳入所有人所有物的彻底的计划模式扼杀了几代苏联人的冒险、自由、开放与创新精神。你无法指望一个长期在计划体系内躺平的人去创业。当时苏联流传一句话：“他们假装给薪水，我们假装在工作。”中国当初也短暂尝试过计划经济，但是学了一半发现，我们没有这么多核算人才。接着，中国实施的是鞍钢宪法，主要是厂长负责制与群众路线。最主要的是，我们实施的时间短，同时大量城市人员及广大农村都没有进入计划体系之内。改革开放后，正是这些迫于生计、敢闯敢干的陈江河们、骆玉珠们开启了中国的自由市场。

二是“尤科斯事件”后，俄罗斯发展国家资本主义，陷入“资源陷阱”。

1998年俄罗斯爆发了经济危机，之后采取改良主义，经济逐渐复苏。转折点是2003年的“尤科斯事件”。俄前首富米哈伊尔·霍多尔科夫斯基被逮捕，接着俄罗斯的石油天然气被国有化。从2004年开始，普京实施国家资本主义，大规模重启国有化，经济系统官僚化，打击了自由市场。但是，俄罗斯经济却快速增长，一直延续到2008年金融危机前。为什么？在这一阶段，国际油价大规模上涨，俄罗斯经济学家认为，油价上涨对俄经济增长的贡献率最高达到一半。如此，俄罗斯出现了一种繁荣假象，2008年金融危机爆发，国际油价下跌，俄罗斯陷入“资源陷阱”，而普京政府对石油天然气的依赖越来越大。

三是2014年克里米亚危机后，欧美国家经济制裁俄罗斯，接着卢布崩溃，出口贸易下降，经济陷入长期停滞。俄罗斯除了能源、金融外，基本与国际市场脱钩，无缘国际产业分工体系。

关于俄罗斯，还有一个重大的谜团就是普京本人。苏联解体后，俄罗斯实施了一系列的政治民主改革，但普京却能长期执政。不得不说，普京具有相当强的政治掌控力。很多人将普京戏称为普京大帝，也有人将其定义为政治强人。这也是苏联内部联盟国的一个普遍特点，白俄罗斯总统卢卡申科执政快30年，哈萨克斯坦前总统执政18年。

20世纪80年代，政治学上兴起了一个新概念叫Authoritarianism（威权主义）。与君主独裁者、极权主义者不同，这种政治强人是全球化时代一种特殊的存在，他们有两个鲜明的特点：政治上强势、经济上开放。像韩国的朴正熙、新加坡的李光耀、智利的皮诺切特、土耳其的埃尔多安，还有俄罗斯的普京，都被认为是这种政治强人。哈耶克、弗里德曼等一些学者认为，Authoritarianism具有一定的进步意义，它的拥护者们是一个个封闭国家转型成为开放国家的过渡性人物。

但这是一种不可靠的经验。“二战”和经济全球化打破了人类政治制度与技术力量之间的平衡演进过程。“二战”大幅度提高了武器级别，如核武器，“二战”后的落后国家谁能掌握杀器，谁就能够控制这个国家。这成就了一批政治强人，比如朴正熙。而在全球化时代，这些政治强人开放市场，又获取了大量先进的技术与资本。而哈耶克、弗里德曼的乐观观点在于，全球化及自由市场会倒逼他们实施政治改革。

但是，改革本质上是一种权力赎买的过程，政治强人是否改革取决于改革的预期收益与损失，即贴现率。20世纪90年代与21世纪前十年是世界政治民主前进的20年，但是2008年金融危机后，民粹主义和“右翼”势力崛起，世界政治民主倒退，一些国家回归政治强人领导，一些政治强人按下了国家前进的暂停键。

很多人不明白，伊朗等少部分国家为什么不开放而要关门搞核武器。实际上，它们的领袖看得更远，只有掌握了终极杀器核武器，它们在未来的开放路上才能进退有据，不至于丢失血统。这次震荡再次重燃了一些国家对核武器的渴望。俄罗斯阵营中的铁杆兄弟——白俄罗斯，修改了宪法，摆脱无核、中立的限制，谋求成为拥核国家。俄罗斯的导弹及核武器很可能部署到白俄罗斯。白俄罗斯总统卢卡申科前些年差点被赶下台，普京拯救了他的政治生命，如今他也谋求核武器来保护自己的政治遗产。接下来，白俄罗斯也将面临严厉的经济制裁，成为俄罗斯阵营中的核心力量。

未来的俄罗斯是难以预测的。在严厉的制裁下，俄罗斯可能会彻底与国际社会硬脱钩，俄罗斯内部无疑将萌生诸多变数，而俄罗斯最大的变数就是普京。

需要注意的是，俄乌冲突开启了很多先例。全球化时代，金融制裁、武器援助、社交媒体交锋、卫星系统加入、跨国公司撤离、冻结国外资产、国际志愿参战团、体育运动国际组织干预等，都将成为未来战争的一部分。在这个个人利益相互交错的时代，战争的外部性、外溢性大大增加，战争打响，股票大跌、油价上涨，将伤害到无数人的利益。于是，全球化的普通个人都站出来希望以自己的方式阻止或影响战争。事实上，他们确实也发挥了巨大的能量。如此，未来的战争该怎么打？还能不能打？

俄乌冲突是战争技术迭代的一次检阅——虽有限但可见微知著。很可能，如今正处于战争技术代际升级的前夜。除了核武器，“二战”时期的“钢铁洪流”大杀器将彻底为信息、智能、空间等新技术所秒杀。新技术将改变战争模式，改变“二战”以来的传统政治势力。最后，让我们大脑中出现一个地球仪：欧洲空前抱团，德国军事崛起，诸国谋求加入北约欧盟；美国战略重返日澳印，美英加澳新组成盎格鲁—撒克逊五人组，日澳印紧密联合；俄罗斯的不确定性增加，俄白哈组成的集安组织或将强化。如此，政治激情点燃，军备竞赛开启，拥核动机增加，日德印巴冲击五常，两大阵营对抗加剧，地缘政治不确定性陡增，国际秩序摇摇欲坠。

拜登是现存国际秩序的捍卫者，普京是挑战者，特朗普是搅局者。拜登与普京是两个平行世界的人，拜登是欧美左派政治家的典型代表，出身平凡，足够努力，坚持政治信用。在苏联解体问题上，拜登以政治信仰的胜利者自居。普京则恰恰相反，结合普京当时的年龄和特工工作，苏联解体可能对他信仰的打击很大。他未必想恢复俄罗斯帝国，但对苏联解体必定耿耿于怀，如今古稀之年行“未竟之事”。与拜登相比，特朗普与普京存有更多共识：强人互赏，不满秩序——但各自诉求与信仰不同。这个国际秩序的症结在哪儿，又为何会崩溃，只能留到下篇。

这场冲突正在改变世界，改变我们。

后秩序时代：特朗普现象

西边俄乌战火依旧，东边决出新一任韩国总统，亚太地缘政治再添变数。

2022年3月10日，韩国国民力量党候选人尹锡悦险胜李在明赢得总统大选。尹锡悦曾任韩国检察总长，办过前总统李明博受贿案和朴槿惠“亲信门”案，但在韩国政坛上还属政治新人；这位保守派政治新人立场鲜明、亲美排朝、作风强硬、人狠话多，人称“韩国特朗普”。

自特朗普执政以来，一些国家政坛频现“特朗普”，日趋“特朗普化”：巴西的博索纳罗、英国的约翰逊、韩国的尹锡悦、日本的高市早苗、法国的泽穆尔。他们身上存在一些共同特点：政治素人、立场保守、言行出格、善用社媒、国家主义、反建制派及既得利益者、挑战全球化旧秩序，其支持者多为旧秩序的受害者、失意者及反抗者。他们就像一群公牛闯进了一家精美奢华又藏污纳垢的瓷器店……这股正在崛起的政治力量，携带汹涌民意与社会思潮，冲击着失衡的全球化秩序。

全球化旧秩序为何崩坏？“特朗普们”和“普京们”分别以何种方式及目的冲击国际秩序？本部分将从全球化失衡的视角，洞察特朗普现象与俄乌冲突，解释国际旧秩序的崩坏。

01
特朗普现象

俄乌冲突引发了欧洲“二战”以来最大的地缘政治震荡，同时也引发了人们对亚太地缘政治的担忧，亚太股市如临大敌，与欧洲股市齐跌。

如此背景下，韩国这场大选备受关注。国民力量党候选人尹锡悦得票率为48.56%，文在寅的支持者李在明得票率为47.83%，尹锡悦仅以高出对手0.73个百分点、25万张票的微弱优势成功入主青瓦台。这是韩国史上竞争最激烈的一次总统选举。

尹锡悦现年61岁，但是一位政治新人。他在2017年受文在寅破格提拔，成为文在寅砍杀财阀政治的一把“利刃”。尹锡悦担任首尔中央地方检察厅厅长后，拘捕了朴槿惠、崔顺实和三星电子副会长李在镕，还负责调查“李明博贪腐案”，将李明博投入大牢。2019年，文在寅再次破格提拔尹锡悦为韩国检察总长以资嘉奖。但是，文在寅没法控制这把“利刃”，尹锡悦调查文在寅内阁成员，两人最终反目，尹锡悦辞去韩国检察总长职务，加入最大在野党国民力量党参加总统竞选。这次大选，文在寅和李在明都没能阻止尹锡悦的崛起。

尹锡悦是韩国政坛的保守派，对内支持经济自由，对外立场明确、态度强硬。他在2022年2月的国际外交专业杂志《外交事务》（*Foreign Affairs*）上发表了题为《韩国需要腾飞》的文章。尹锡悦在文中表态：“在文在寅政府时期，韩国远离了长期的同盟美国，倒向了中国。对于能就美中之间主要焦点问题明确表明立场的问题，韩国也保持沉默，表现出模糊的态度，实际上并非站在美国一边，而是站在中国一边，对此韩国要力求改变。”

中韩关系一度因“萨德事件”跌入谷底，2017年文在寅执掌青瓦台后对华承诺“三不”：不追加“萨德”系统、不加入美国反导体系、不发展韩美日三方军事同盟。尹锡悦上台可能会打破文在寅的平衡模糊外交。尹锡悦曾表示想发展韩美全面战略同盟关系，希望加入美日印澳“四边机制”，还主张在萨德系统、战术核武器方面与美国加强合作。实际上，在发表获胜宣言仅5小时后，尹锡悦就与美国总统拜登通话，后者承诺防卫韩国并加强合作。

在俄乌冲突爆发后，亚太地缘政治的不确定性预期在资本市场及社交媒体中蔓延。一些人担心，这“0.73个百分点”可能加速国际秩序的崩坏。这场大选折射出韩国政治的一些变化：

一是韩国政治热情高涨，在疫情之下大选最终投票率达到77.1%，高出上届7个百分点。二是韩国选民观点对立、立场分裂，韩国资深政治家金钟仁说，“两人得票率只相差0.73个百分点，国家似乎一分为二了”。三是韩国选民民族主义情绪浓厚，年轻选民目光投向亚太地缘政治。

文在寅可能是这场国际秩序转变的过渡式人物。文在寅作为民选总统上台后打击财阀总统延续了青瓦台诅咒。但是，韩式斗争还没波及对外关系，文在寅继续支持着国际旧秩序。美国是韩国稳定的政治盟友，中国是韩国最大的贸易伙伴。但是，最近两年，新冠疫情、俄乌冲突及一些特殊事件加剧了韩国民意转向与民族情绪，并对外投射到朝韩、中韩、韩美关系上。考虑到25万张票的微弱差距，俄乌冲突可能助攻了“韩国特朗普”。这场冲突加剧了国际政治对立，导致文在寅、李在明模糊外交空间变窄，尹锡悦“选边站”主张乘势而起。

2016年美国大选，极少人意识到特朗普的“意外”胜出将掀起国际秩序的巨浪。奥巴马也是一个过渡式人物。2008年金融危机爆发后，美国选民对华尔街极度不满，这位年轻的黑人政客被寄予伐毛洗髓的厚望。但是，奥巴马花了大把的钱啥事也没干成。这期间，俄罗斯触发了克里米亚危机，中美关系也在变化，但奥巴马仅维持旧秩序，加速了俄美关系恶化。

更严重的是，奥巴马和美联储伯南克大规模扩张货币与财政，进一步恶化了旧秩序和扩大了贫富差距。美国明尼阿波利斯联邦储备银行研究表明，2008年金融危机后，10%最富有的美国家庭最先走出阴影，金融资产受益于货币扩张而增加；而数量最多、收入较低的美国家庭在金融危机后一蹶不振。

2016年，美国选民对旧势力彻底失望，他们先抛弃了共和党建制派候选人、布什家族的杰布·布什，后抛弃了民主党建制派候选人、克林顿家族的希拉里，一位政治素人特朗普就这样上台了。此后短短4年，特朗普旋风席卷世界政坛及社交媒体。

特朗普塑造了一个全新的政治角色：政治素人、言行出格、作风强势、善用社交媒体；推行了一种令人不太适应的社会思潮（特朗普主义）：立场保守、国家主义、反全球化旧秩序、反建制派及既得利益者。

特朗普绝对不是一个特例，而是2008年金融危机后爆发的一种社会思潮与国际政治现象，被称为“特朗普现象”。特朗普之后，一些国家政坛涌现“特朗普”，或者“特朗普化”。

巴西总统博索纳罗是特朗普的成功效仿者，他的“巴西优先”口号直接复制了特朗普的“美国优先”，他同样善用社交媒体发表煽动性语言以获取选民支持。尹锡悦也与特朗普有很多共同点，如均为政治新人，且立场保守。还有日本政要高市早苗，政治主张极端，被认为是日本女版特朗普。

再看法国的埃里克·泽穆尔。法国大选即将拉开，这位“法国版特朗普”被认为是可能搅动法国政坛的重要人物。泽穆尔现年63岁，也是一位政治素人，他从来没有担任过一官半职，早年是畅销书作家、时事评论员、电视主持人，他善玩社交媒体，经常语出惊人，是法国人气颇高的当红人物。从2021年7月开始，泽穆尔参选的民调支持率一路飙升，目前紧逼马克龙。

俄乌冲突改变了德法民意，德国发生“历史性转变”，如果泽穆尔上台，法国的行动可能要比正在谋变的德国激进得多。

“特朗普们”——这股被金融危机激活的政治新势力，拥有一批坚定的支持者，他们善用社交媒体表达选民诉求、赚取选票，在新冠肺炎疫情、俄乌冲突的刺激下正在迅速崛起；反观国际秩序旧势力、建制派及既得利益者，在国际政治上则正在退缩、垮台。

02
全球化失衡

特朗普现象为何出现？

如果不是2008年金融危机爆发，年迈的特朗普可能根本没有机会；要不是奥巴马令选民失望，特朗普也没有机会。但是可能会出现“李朗普”“王朗普”。为什么？特朗普的出现，有着深层次的原因，那就是全球化失衡。

特朗普的支持者是谁？除了共和党的铁盘外，特朗普“铁粉”主要是蓝领工人、农民、本地中小企业主、商业主。他们有什么共同点？多为白人，信仰基督教，捍卫美国利益，拥护传统价值观，反对移民、同性恋、极端女权主义与极端环保主义。在经济上，他们有一个共同特点：全球化失衡的受害者、失意者和边缘人。

接下来，我们从经济角度入手理解国际秩序崩溃。当今世界的国际秩序是“二战”后建立的政治军事与经济秩序。政治军事秩序包括联合国以及后面形成的区域性联盟，如北约、欧盟等。凯恩斯、罗宾斯参与了布雷顿森林体系建设。

此后半个多世纪，这个经济体系极大地推动了自由秩序的全球化扩张：日德战后崛起，欧洲走向共同体，信息革命爆发，跨国公司扩张，金砖国家兴起，“中美国”概念诞生。但是，2008年金融危机爆发，全球化秩序遭遇推倒重来的风险。为什么？

因为这个全球化经济秩序并不完美，它是一个失衡的秩序。

第一，金融体系。其实，布雷顿森林体系的金融体系（金本位和固定汇率）在1971年已经崩溃了。特里芬教授认为，这个体系藏着一个不可调和的“特里芬难题”。简单来说，一个国家不可能同时出口货币和商品，必须二选一。20世纪60年代开始，美国大规模出口美元、进口商品，贸易赤字加剧，加上越南战争扩大了政府赤字，美国从净债权国变成了净债务国，最终击溃了美元信用。

从根本上说，这是信用货币制度的问题，是国家资产负债表危机。信用货币是一国资产的证券化，属于国家发行的债务；出口赚取的外汇相当于国家（公民）的资产。在国家资产负债表中，货币出口多、商品出口少，相当于负债端扩张、资产端萎缩，最终走向崩溃。

1971年后，国际金融体系实施浮动汇率和信用本位，但因为还是信用货币制度，国家资产负债表的“特里芬难题”依然存在。它导致国际贸易经常项目严重失衡，千禧年之前美国大逆差、日德大顺差，之后美国继续大逆差、中国大顺差。注意，国际贸易失衡对两国均不利。

第二，信用货币制度。信用货币制度还造成了另外一大恶果，即信用货币超发。布雷顿森林体系时，货币制度是金本位货币，货币发行还受黄金硬约束。但是，1971年该体系崩溃之后，信用货币制度诞生，货币发行约束软化。在千禧年之前，美联储主席沃尔克与格林斯潘基本上控制了货币阀门。但是，互联网泡沫危机和“9·11”恐怖袭击之后，格林斯潘的手大松快紧，酿成了2008年的金融危机。这场危机的始作俑者是美联储，根本原因是信用货币制度。

第三，贸易规则。关贸总协定后来演变为世界贸易组织，这个组织毫无疑问地推动了贸易自由化及经济全球化。但是，最近30年，世界贸易组织的改革落后，其很多规则不如欧盟自由贸易协定和全面与进步跨太平洋伙伴关系协定（CPTPP），对破除不公平贸易、保护主义及劳动力流通障碍的行动迟缓。这就导致一部分人在国际贸易中获益，另一部分人则利益受损。

注意，这里并不是否定全球化与自由市场，而是指出当前全球化秩序存在的问题。2008年金融危机是全球化失衡的一次总爆发，它改变了“二战”以来的全球化进程。危机爆发后，这个秩序不但没有得到修复，反而在各国货币宽松政策下持续恶化，进而引发了一系列社会危机：金融危机、债务高企、通胀恶化、国家冲突、逆全球化、贫富差距扩大、民粹主义崛起……

我们需要抓住一条主线：全球化失衡导致全球贫富差距扩大。

一端是全球化失衡秩序的既得利益群体，他们主要是跨国集团、金融巨头、科技企业、能源寡头、房地产巨头等。他们的政治力量是全球建制派势力——建制派并不是美国独有的，而是一股横亘在美欧亚太上空的强大势力，他们是全球化失衡秩序的制定者和坚定捍卫者。他们的经典合作是：欧美的央行印钞机、跨国公司的廉价资本与先进技术，以及非欧美国家过人的政治力量、丰富廉价的要素资源。比如，美国华尔街+沙特石油寡头、跨国公司+韩国财阀、德国联盟党+俄罗斯石油寡头。他们享受了货币超发红利、非自由竞争规则红利以及亚非拉各种资源红利。他们的好日子可以用"东食西宿"来形容：在东方赚钱，在西方享受。

另一端则是失衡秩序的受害者、失意者，他们主要是欧美国家的制造业工人、本土中小工商业主、城市中产阶级，以及亚非拉"享受"各种红利的工人、饱受工厂污染的民众、背负高房贷的城市中产家庭。全球货币超发洗劫了他们的财富，一群中产阶级的财富规模因债务而塌缩。问题最严重的是"资本全球流动、劳动者被限制流动"，跨国公司在全球逐利，寻求政治保护和经济垄断的红利，但是本土中小企业和蓝领工人只能在原地破产和失业。如此，跨国资本与本土劳动者的收益持续拉大，成为最近20年全球贫富分化的主旋律。

这就是全球化旧秩序的主要矛盾：全球建制派及其既得利益群体与失衡秩序受害者、失意者之间的矛盾。这一矛盾往往为刻意鼓噪的国家冲突所淹没。它是理解当今世界动荡局势的主线。

在美国，两党政治势力在苏联解体后在失衡的全球化浪潮中迅速分化。民主党向左依次分化为建制派、温和派、进步派和激进派（极左），共和党向右依次分化为建制派、新保守派、保守派和特朗普主义者（极右）。其中，民主党建制派以克林顿家族为代表，共和党建制派以布什家族为代表。苏联解体至今30多年时间，除了特朗普执政4年，这两个家族及其建制派完全主导了白宫。两党的建制派之间达成合作默契，与全球跨国巨头以及一些亚非拉国家的政治势力共同捍卫这个失衡秩序。有意思的是，特朗普家族被称为“二战”后纽约的建设者，但没能进入建制派的华尔街朋友圈。这颗“遗珠”成了今天全球建制派最大的挑战。

如此，美国的政治生态发生了改变：从单一派别演变为以身份政治为划分的众多派别；从两党平行线竞争演变为三角结构斗争。这就是美国全新的政治生态。

弗朗西斯·福山撰写了一本书叫《身份政治：对尊严与认同的渴求》，用来描述美国及全球的政治分化，他说如果不是因为特朗普上台他不会写这本书。扭曲的全球化和糟糕的货币政策导致了利益分化和市场失灵，民众只能以政治身份的抱团方式来谋求利益。

特朗普主义者一边要对抗两党联合的建制派势力，另一边还要对抗民主党极左势力进步派和激进派。如何团结大多数？特朗普跳出了党派局限，敏锐地捕捉到美国人在历史上很少关心的一种政治身份：国家主义——“美国优先”。

正如福山所说的，尽管贫富冲突巨大，但阶级身份在美国已经没有了市场。特朗普用“美国优先”的国家主义正好对上全球化旧秩序，在意识形态上双击对手：建制派新保守主义在经济上的世界主义和民主党极左势力在政治上的世界主义。

03
旧秩序崩坏

经济秩序的崩溃导致了国际政治秩序的崩坏。这是逻辑国际秩序崩坏的主线，即金融危机—经济秩序崩溃—反建制运动—内部建制政治势力倒台—外溢到国家冲突—冲击国际政治秩序。

特朗普上台后扮演了“秩序破坏者”的角色，他积极“退群”，如退出《巴黎协定》，对中国发起经贸摩擦，让世贸组织仲裁机构停摆，试图推动“三零”（零关税、零壁垒、零补贴）贸易协议，拒绝支付世界卫生组织的运营费用，多次数落北约成员国，指责德国出钱少还“通俄”。特朗普向国际政治秩序投下了一颗颗炸弹，过去稳定的美中、美欧关系立即降温。

为什么特朗普对国际政治冲击这么大?

尽管特朗普的动机是维护美国利益，但其行动所挑战的不仅是美国民主党极左派，还是两党建制派及其既得利益者捍卫的全球化旧秩序。特朗普在美国的反建制的单独行动，容易引发国家与国家之间的冲突，更易被解读为国家矛盾、意识形态对立。

只是新冠肺炎疫情的暴发暂时没收了特朗普的大棒，民主党人拜登借邮寄选票入主白宫。这场大选是美国历史上最具争议、斗争最为激烈的大选之一。整个美国的政治激情都被这场大选点燃了，两党建制派势力联合民主党激进派、进步派，启动硅谷社交媒体力量，一起合力扳倒了特朗普。至此，这场建制与反建制的斗争达到了局部高潮。

拜登是全球化旧秩序的典型捍卫者，他一上台就让美国重返

《巴黎协定》，实施联合西方世界战略，推行世界主义价值观，重塑美国的国际领导权。世界似乎又要回到旧秩序的框架中，但新冠肺炎疫情、能源危机、通货膨胀和俄乌冲突正在改变各国民意、加剧世界分裂、重启特朗普主义，正在击碎拜登的“美国梦”。

先说英国。英国是一个具有保守主义传统的国家，政治突变不是唐宁街的风格。但是，金融危机触发的欧债危机着实改变了欧洲的民意，民粹福利主义兴起，同时分离主义倾向加剧，一些人反对欧洲一体化和欧元。

这加快了英国脱欧的步伐。英国前首相特雷莎·梅是政治妥协的结果，同样也是一位过渡式人物。她含泪辞职后，头发蓬松的鲍里斯·约翰逊登场了。这位保守党党魁与特朗普有些像政治上的孪生兄弟，特朗普称约翰逊为“英国特朗普”，还说约翰逊当选有他的功劳，因为他在英国很受欢迎。约翰逊很快主导了英国硬脱欧，战略上迅速倒向美国，与加澳新一起组成盎格鲁—撒克逊联盟。

再说德国。艾哈德、科尔与默克尔领导的联盟党是德国崛起的缔造者，也是欧洲一体化秩序的构建者。默克尔是过去十多年欧盟的中流砥柱，她坚决维护欧洲团结，阻止深陷债务危机的希腊退出欧元区，但此举引发巨大争议。默克尔是一个敢于硬杠特朗普的政客，但她与拜登应该是守卫旧秩序的完美二人组。拜登上台后解除了之前特朗普因北溪二号对德国能源企业的制裁。默克尔还与普京、新兴经济体维持着固有的稳定关系。

但是，2021年大选，稳定的德国民意悄然生变，年轻选民开始抛弃默克尔的稳健与折衷主义，他们更关心德国在欧洲地缘政治上的不同表现。结果，胜出的中左翼社民党与左翼绿党、自民党组阁，联邦党被踢出局。德国政治趋于碎片化和不稳定，极右翼政党另类党崛起获得了10%选票，该政党反对欧盟、反对欧元、反对移民、反对穆斯林、反对新能源政策，主张民族主义和保护德国。

俄乌冲突推了一把正在谋变的德国政治，德国出现了历史性转折，新总理朔尔茨宣布德国将打造一支强大的军队。前北约高级指挥官斯塔夫里迪斯对此表示："我曾担任北约盟军最高指挥官四年，在每次会议上都找到默克尔，希望德国增加国防开支，但一无所获，普京仅在48小时内就实现了。"[①] 德国军事崛起定然会冲击目前联合国的政治格局。

再看法国。马克龙是典型的过渡式人物，他上台的缘由与奥巴马如出一辙。马克龙年轻帅气，娶自己的老师为妻，一副改革派的形象。但是，他上台后与默克尔小心地维护着欧盟秩序。俄乌冲突引发了欧洲地缘政治危机，重新点燃了欧洲人的政治激情。这场战争有可能如韩国大选一样给予泽穆尔"神助攻"。假如"法国特朗普"参选且胜出，那就意味着全球化的反抗者再下一城，将进一步攻陷欧洲政治旧秩序。

接着是日本。近些年，日本民意日趋汹涌，逐渐波及外交领域。首相岸田文雄打着"新资本主义"旗号上台，赢得了旧秩序反对者的支持。他在《我的新资本主义大设计》中批判新自由主义扩大了贫富差距，承诺将致力于打造"增长和分配的良性循环"。岸田文雄其实批判错了对象，目的则是打击安倍及其细田派。2008年金融危机爆发后，日本流行所谓的安倍经济学——扩张财政和扩张

① 斯塔夫里迪斯在接受美国MSNBC电视台采访时所述。

货币（非新自由主义，而是凯恩斯主义）。此举扩大了原本不大的日本的贫富差距，导致日本经济呈低增长、低通胀、高泡沫、高债务的“日本化”趋势。这就是全球化旧秩序的问题。安倍及其细田派在外交上给予反击，主张选边站外交，加强美日同盟，对亚太说狠话，还要与美“核共享”，试图让岸田文雄亲美维中的模糊路线无路可走。俄乌冲突引发人们对亚太地缘政治的担忧，岸田文雄或不甘“落后”，在外交上与安倍斗狠比狠。

接下来是韩国。韩国财阀是旧秩序的产物，是韩国威权主义朴正熙政府与国际资本协作的结果。1988年韩国进入格林尼治时间，民选总统开始与财阀总统进行血腥斗争。文在寅起用尹锡悦“手刃”李、朴两位总统，但文、尹两人很快反目。尹锡悦在首尔胜出李在明25万张票，这决定性的微弱票数可能来自首尔年轻人对房租、房价上涨的不满。文在寅在大疫之下扩张货币，这一旧秩序的玩法损伤了民意。如今尹锡悦上台，“青瓦台诅咒”可能外溢到亚太关系上。

再看美国与拜登。美国是国际秩序改变的最大变数。拜登试图恢复摇摇欲坠的旧秩序，但被困在政治身份分裂的三角政治生态之中，陷入货币超发引发的高通胀与俄乌冲突加剧的金融脆弱导致的滞胀泥潭之中。拜登上台启用老办法发货币借钱送福利，结果通胀爆棚、债务膨胀。高通胀是信用货币失控的终结者，这场通胀意味着旧秩序货币扩张的操作逼近极限。

外交上，令人困惑的是拜登领衔的建制派为何没有与新兴国家修复关系。权力更替与特朗普给旧秩序中脆弱的国家关系划开了一道裂痕。新冠肺炎疫情与特殊事件让美国进步派与激进派的政治激情熊熊燃烧，如今拜登的建制派外交完全被这种火焰吞噬。2022年美国中期选举，如果民主党丢掉众议院或两院，特朗普很可能在2024年卷土重来。毕竟，特朗普主义已深耕美国。

目前，旧秩序与反旧秩序这两股势力处于激烈交锋之中：

第一，利益分化严重。贫富分化、经济冲突导致内部政治高度对立、社会严重撕裂。在年龄上，年轻人与老年人对秩序更为不满，中年人还可能是过去经济全球化、货币超发与房价上涨的受益者。尹锡悦激进支持者是20~29岁的年轻人和60岁以上的老年人，他们催生了如今国际舞台上流行的素人政治和老人政治。

第二，政治激情高涨。特朗普们与传统建制势力短兵相接、水火不容，这大大点燃了各国的政治激情，各国大选的投票率均上涨，支持者分别在社交媒体上、街头游行时“火拼”。这场反建制运动又加剧了国际冲突，政治激情裹挟民族主义传导到国家斗争中。土耳其、印度、韩国、越南、波兰被戏称为“油管五常”，五国网民在社交媒体抢夺话语权，令一些国家的民众颇为嫉妒。

第三，不能忽略了乌克兰与俄罗斯。乌克兰与俄罗斯的逻辑不同于以上国家，它们没有完全融入全球化旧秩序之中。苏联解体后，经济全球化迅速发展，欧洲快速走向一体化，东欧及苏联内部联盟国家融入这个秩序是当时的主流思潮。乌克兰试图加入欧盟与北约，但均未如愿，泽连斯基似乎是特朗普和拜登的结合体，这位政治素人用特朗普的方式谋求加入拜登捍卫的旧秩序。

拜登是旧秩序的捍卫者，特朗普是搅局者，普京是挑战者，特朗普与普京的共识是均对国际秩序不满。不同的是，普京最初希望加入全球化旧秩序，但因克里米亚危机断送了机会。这场危机导致俄罗斯成了全球化秩序的边缘人——命悬于能源贸易。实际上，俄罗斯的石油寡头及普京也是旧秩序的受益者，他们与欧洲建制派开展能源合作，普京与德国两位前总理默克尔、施罗德关系均不错。施罗德卸任后还在俄罗斯石油巨头里任职，在俄乌冲突时会见普京试图调停。但是，仅是能源利益远不足以满足普京的政治需求，他希望在国际秩序中扮演规则制定者的角色。

旧秩序的不满者有受害者、失意者、反抗者和边缘人，他们除了特朗普、普京、蓝领工人、被高房价压迫的城市中产、饱受工业污染的民众，还包括技术极客和数字货币拥趸——试图用私人货币及无国界银行系统来挑战法定货币与金融秩序。他们的国籍、身份、职业均不同，各自的信仰与动机也不同；他们有极左也有极右，并不全是特朗普主义者。

当今全球化旧秩序的核心问题是国家制度与经济全球化的矛盾，但是经济秩序崩溃又会激起国家冲突与民族主义，国家机器将进一步得到强化——正如美国金融监管部门正借制裁俄罗斯之机打击加密货币。

全球化失衡秩序与反秩序之间注定有一场漫长而残酷的斗争。金融危机冲垮了全球化经济秩序，新冠肺炎疫情加剧了逆全球化，俄乌冲突触发了国际地缘政治危机。国际产业分工重整，政治三角格局生变，国家缓冲地带消失，军备竞赛开启，国家谋求抱团。旧势力垮台，新人政治崛起；旧秩序崩坏，新秩序遥遥无期。世界进入后秩序时代。

参考文献

[1] 王付东.韩国尹锡悦政府外交政策探析[J].和平与发展,2022（3）.

[2] 弗朗西斯 · 福山.身份政治：对尊严与认同的渴求[M].刘芳,译.北京：中译出版社,2021.

[3] 山田锐夫.“新资本主义”新在何处？[J].湖北社会科学,2022（4）.

大国博弈

大国较量，是一场险象环生、令人屏气凝神的高智棋局。

虽然这种较量受诸多因素影响，充满了对内在矛盾的各种粉饰，以及不确定性，但是，比起“争香夺艳”，眼下我们遭遇的更趋近于一场人类全球性集体行动的困境。国家主权与经济全球化之间相互“侵蚀”，被更具象化、针对性的争斗掩盖。

自由、和平与合作，终是正道。静待更好的全球治理。

大国冲突的假象

最近几年，大国冲突成为国际政治的主流话题。如何解释大国冲突一直困扰着政治学家和经济学家。

自亚当·斯密以来，经济学家找到了一条通往和平与繁荣之路——自由市场与对外贸易。但是，第一次世界大战打破了这一观念。此后，每一次大国战争及冲突都对经济学构成现实的挑战。

政治学中的诸多解释，如“修昔底德陷阱”以及亨廷顿的“文明的冲突”，均属似是而非的理论。本部分从国家制度与经济全球化的关系出发解释世界大国冲突的真相、演变与假象。

01
大国冲突的真相

美国经济史学家查尔斯·P. 金德尔伯格写过一本著作叫《1929—1939年：世界经济萧条》。与一般经济学家不同的是，金德尔伯格选择了从国际秩序的视角解释大萧条。他的观点是，各国不会自觉、自愿地提供确保国际经济体系稳定的“公共成本”。这是国际动荡不安的原因。

金德尔伯格认为，大萧条起源于美国在“一战”后取代英国成为全球经济的领导者，却没能承担起全球公共用品的责任。英国在政治上依然是全球领导者，但是经济上已力不从心。这导致世界坠入大萧条、种族灭绝与第二次世界大战。

在全球化时代，维护国际秩序的“公共成本”是一个国际难题。在新旧经济大国交替之际，没有经济能力又不愿让步的老牌大国，有经济能力但还没有意愿或政治手段领导这个世界的国家，均无力承担全球公共用品成本。这是全球化过程中的一种陷阱——“金德尔伯格陷阱”。

经济学家对“金德尔伯格陷阱”的争论，根本上源自对制度内生性的分歧。那么，“金德尔伯格陷阱”是否真实存在？

1914年萨拉热窝行刺事件爆发，整个欧洲陷入混战。此时，美国作壁上观，忙于欧洲战事的大国交给这个“小弟”一个艰巨的任务——管理好国际黄金标准。黄金标准是当时英镑体系下的国际汇率体系，美联储的任务是维持黄金价格的稳定。维持这一体系是需要成本的，美国是怎么表现的呢？

镀金时代后的美国已是全球第一大经济体，工业产值超过英国，但是美国的主流思想依然是孤立主义，不愿意干涉欧洲事务，迟迟不加入“一战”。当时，刚刚成立的美联储缺乏在世界大乱之际独挑大梁的意愿与经验。随着欧洲战事的深入，越来越多黄金流入美国，美国很快从债务国变为债权国。

这给原有英镑体系下的国际汇率带来了巨大的冲击。美联储在关键时刻打破了黄金标准，大幅抬高美元汇率，促使黄金贬值。在金本位时代，黄金的信用是至高无上的，大于国家信用。美联储的做法引发了金本位时代的第一次黄金信用危机，从此黄金信用一去不复返。经济学家蒙代尔甚至认为，如果美联储不打破黄金标准，就不会发生大萧条，也不会出现纳粹革命，更不会爆发第二次世界大战。

“一战”后，国际汇率一片混乱。1922年，各国齐集意大利热那亚，试图重建全球汇率体系。“一战”后的欧洲国家负债累累，经济低迷，社会动荡。与之形成鲜明对比的是，这时的美国工业生产总值世界第一，黄金储备世界第一。美国试图利用黄金储备优势，与英法两国共建国际货币体系。但是，这个新兴的国家还是被欧洲老牌帝国排挤在门外，英法接过被美国管理得一塌糊涂的黄金标准，制定了以英镑和法郎为核心的金汇兑本位制度。

但是，“一战”后的国际汇率体系是糟糕的。英国试图维持帝国地位，将英镑与黄金的汇率维持在“一战”前的水平。英镑显然被高估了，因为当时英国的黄金储备及经济能力无法维持原有的汇率。

英国经济学家凯恩斯认为，被高估的英镑是“一战”后英国经济持续低迷的重要原因。高汇率导致英国出口受阻，工业复苏缓慢，失业率居高不下。他强烈呼吁英国政府下调汇率，让英镑对美元贬值。凯恩斯还推算，只有汇率下降到1英镑兑换3.6美元的水平，英国的失业率才能下降到6%~7%。

“一战”后的国际汇率秩序实际上陷入了“金德尔伯格陷阱”。

我们接着了解国际政治秩序。在巴黎和会上，英法美试图重建国际政治秩序。美国总统威尔逊提出了“十四点原则”，呼吁列强让殖民地民族自决，消除贸易壁垒，以及建立“国联”。然而，美国国会以总统违反“孤立主义”外交传统为由，否决了《凡尔赛和约》。

结果英法主宰了战后国际秩序，它们的共同目标是严惩德国。在巴黎和会上，担任英国财政部首席代表的凯恩斯强烈反对过度制裁德国，他甚至因此辞去了和会代表职务。很快，他发表了著名的《和平的经济后果》，预言英法对德国的过度制裁必然导致德国经济崩溃、民族情绪泛滥，或引发报复。

"一战"之后，注定是多事之秋。没有任何一个国家能够领导新的国际秩序以及承担相应的公共用品费用，战后的国际局势因此不可逆转地恶化。在20世纪20年代，混乱的国际汇率导致欧洲经济复苏缓慢，美国经济在"咆哮的20年代"尾声突然爆发大危机。

大萧条重伤美国及欧洲经济，也击溃了全球贸易体系和国际货币体系。罗斯福总统上台后单方面宣布脱离金本位，推动美元贬值，禁止黄金出口，引发国际汇率巨震。美国国会于1930年通过《斯姆特—霍利关税法》，将2000多种进口商品关税提升到历史最高水平。当时，这项法案遭到包括道格拉斯、格雷厄姆在内的1028名经济学家联名抵制。汽车业巨头亨利·福特在白宫花了一整个晚上力图说服总统否决该项法案，称它为"一项愚蠢的经济政策"。美国政府总共收到了来自外国的34份正式抗议，德国、法国、英国等对美国采取了报复性关税以及其他反制措施，最终引发了旷日持久的全球贸易大战。

美国国会还于1933年通过了《购买国货法案》。该法案规定，政府部门必须购买美国货；只有在外国货比国货便宜25%时，才允许购买外国货。

这些保护主义法案加速了美国及世界贸易大滑坡：美国进口额从1929年的44亿美元骤降66%至1933年的15亿美元，而出口额则从54亿美元骤降61%至21亿美元。1929—1934年，世界贸易规模萎缩了大约66%。

经济学家斯蒂格勒认为，美国贸易保护主义政策导致了大萧条的蔓延。保护政策导致国际贸易大幅萎缩，原有的全球化经济系统被打破，各国经济难以依靠国内市场复苏。

整个20世纪30年代，世界掉入了“金德尔伯格陷阱”。汇率市场混乱不堪、贸易保护主义盛行、国际政治冲突不断，最终凯恩斯一语成谶——德国纳粹党登台，一场更恐怖的战争爆发。

如今的世界，是否也陷入了“金德尔伯格陷阱”？

02
大国冲突的演变

“二战”后，欧洲各国沉沦，美国领导了当时的世界，重建了新的国际秩序。在布雷顿森林会议上，凯恩斯代表英国参会，也带来了新的国际货币体系计划。

但是，这时的英国不得不将世界领导权拱手相让于美国，美国依照怀特计划形成了以美元为核心的国际货币体系——布雷顿森林体系。这次会议还形成了包括关税及贸易总协定（世贸组织前身）、国际货币基金组织、世界银行等在内的国际经济秩序三大支柱。换言之，“二战”后的美国完全接替了英国，成为新的国际秩序的缔造者以及公共用品费用的负担者。

美国、欧洲乃至全球都是这一秩序的受益者。尽管世界依然笼罩在冷战的阴影中，但美国及欧洲还是迎来了持续20多年的经济景气，经济全球化可谓一日千里。

这一切正符合金德尔伯格霸权稳定理论的逻辑。但是，1971年，布雷顿森林体系崩溃了。这是为什么？

当时并没有哪个新兴的大国能够威胁美国的地位，正在崛起的日本和德意志联邦共和国距离美国还有相当的距离。当时很多人误以为美国衰落了，美国经济在20世纪70年代陷入滞胀危机，美元经历了三次贬值，1979年还爆发了伊朗人质危机。

不过，到了80年代，人们很快意识到，美国并未衰落，反而可能更强大了。问题来了，国际货币体系为什么会崩溃？

经济学中最好的解释是美国经济学家罗伯特·特里芬于1960年在《黄金与美元危机——自由兑换的未来》中提出的一个悖论。特里芬认为，美元作为国际结算货币，必须不断地向国际市场输出，这会持续加大美国的贸易逆差；而持续扩大的贸易逆差又会破坏美元的稳定性——美元作为国际结算货币的信用。所以，美国不能既出口美元又出口商品。这就是“特里芬难题”。

从“特里芬难题”中我们可以捕捉到一个趋势：终结大国秩序的并非新霸权，而是经济全球化。这一趋势决定了国际主要矛盾的演变。

布雷顿森林体系是一个以大国实力为核心的人为秩序，美国负责维持美元与黄金的固定比价，成员国负责维持本币与美元的固定价格。这是一种违背价格规律的固定汇率体系。“二战”后，迅速发展的全球化冲击了这一体系，汇率（价格）再也无法服从权力与国家，被迫交给国际市场的自由竞争来决定。从80年代后期开始，欧美世界逐渐实现了浮动汇率。

所以，市场主权挑战了国家主权，也改变了“金德尔伯格陷阱”的逻辑。金德尔伯格是霸权稳定学说的奠基人，但是从70年代开始，“金德尔伯格陷阱”的逻辑不再是大国霸权，而是全球化的市场主权，其本质是谁来支付国际公共用品成本。

在布雷顿森林体系中，美国的任务是负责维持美元与黄金的固定比价。这就要求美国必须储备大量的黄金——这就是这一国际货币体系的公共费用。美国当然不愿意一个人出这个费用，成员国需要缴纳一定的黄金储存在美联储，只有成员国政府可用美元兑换黄金。但是，随着美元贬值加剧，法国、西班牙政府用美元到美联储兑付大量黄金，美国则以减少欧洲防务经费相威胁。这说明成员国并不愿意为这一国际货币体系支付费用。

当年布雷顿森林体系崩溃后，美国财长约翰·康纳利在十国集团会议上对各国财长说:“美元是我们的货币，但却是你们的难题。”这句源自温特劳布教授的话随后传遍了世界，也形象地表达了“特里芬难题”的本质。

“特里芬难题”的本质是法定货币与经济全球化之间的矛盾，即国家主权与市场主权之间的矛盾，亦是政治非全球化与经济全球化的矛盾。

如今的国际货币体系是自由汇率和信用货币，但依然无法摆脱“特里芬难题”。主要原因是，虽然汇率由市场主权做主，但货币（法定货币）依然是国家化的。经济全球化是失衡的、畸形的，世界贸易高度发展，货币依然是国家化的。美元作为美国的法定货币，也是“世界货币”；美联储是美国的央行，也是“世界的银行”。其中的矛盾是，谁该为美元体系支付费用?

信用货币并非“一纸钞票”，其币值稳定依赖国家信用，而维持国家信用稳定则需要支付大量的费用。从狭义上来说，美元以美国国债为锚，国债以税收为锚。从广义上来说，美元的信用建立在美国强大的科技、金融及军事力量之上，而这些力量的维持需要大量的公共支出。总之，美国纳税人需要为美元币值稳定支付大量的费用。

但是，美元又是“世界货币”，其使用范围大大超过了美国本土，美元是国际结算、海外投资、金融交易及他国央行外汇储备的第一选择。换言之，美国为国际市场提供了一个稳定的货币，而国际投资者及他国央行不需要为此付费。但是，美国纳税人也不愿意为此支付费用。

进入21世纪后，美国贸易赤字和政府赤字持续扩大，“特里芬难题”再次变得尖锐。2008年金融危机后，美联储扩张美元，削减美元的购买力。美元贬值可以减轻美国的债务负担，相当于将美元作为“世界货币”的公共费用分摊到全球各国。

最近20多年全球货币泛滥，既是国家主权政治倒退的结果，也是国际秩序倒退的结果。

20世纪“金德尔伯格陷阱”源自新旧大国交替时形成的国际领导权“真空”，而21世纪的新“金德尔伯格陷阱”则是源自国家主权与经济全球化之间的相互“侵蚀”。

经济全球化是国家主权不断对外让渡的过程，是市场主权步步为营的进程。如今，很多开放经济体，如美国、新加坡、欧盟，已经对外让渡了关税、财政、货币、能源政策等（部分）核心主权。

这是市场主权对国家权力的削弱。国家没有足够的力量与正当的法理性去维持一个超越国界的经济体。一个开放型的国家对另外一个开放型的国家发动战争，既缺乏足够的动力，又缺乏统筹一切的权力条件。所以，国家主权被市场主权削弱的不可逆的趋势，决定了国家（大国）的冲突将不再成为国际秩序的主流矛盾。这就是大国冲突的演变。

当然，笔者并不像福山的“历史的终结”那样乐观。如果让渡出去的国家主权并没有形成高效的国际组织与秩序，那么经济全球化的过程将是充满不确定性的过程。一旦爆发危机，如金融危机、新冠肺炎疫情，国家主权又会努力反噬市场主权，扩张信用货币，自我保护，引发逆全球化。这又会削弱市场主权的力量。如此，国际秩序便处于国家主权与经济全球化之间相互“侵蚀”的权力真空状态，混乱与动荡便不可避免。

这就是新“金德尔伯格陷阱”。

新冠肺炎疫情将世界推入新“金德尔伯格陷阱”。市场主权及经济全球化削弱了国家主权，美国及欧洲国家无法使用国家力量抗疫，也无法依赖国际秩序及国际力量。当然，这并不是国家政体及经济全球化的问题，而是国际治理失败的结果。国际秩序的失败又反噬经济全球化与科技进步。

03 大国冲突的假象

2017年1月，美国政治学家约瑟夫·奈使用“金德尔伯格陷阱”理论告诫美国人：中国崛起以后的动向可能不是“示强”，而是“示弱”，即不愿承担美国无力负责的重要国际公共产品的供给，从而使世界陷入领导力空缺、危机四起的险境。

此后，中美经贸摩擦以及美国一系列的退群行动似乎印证了约瑟夫·奈的预言。但是，约瑟夫·奈“刻舟求剑”了，美国不是当年的英国，中国也不是当年的美国。

最重要的是，当今国际冲突并非源自大国霸权争夺，而是新“金德尔伯格陷阱”，即国家主权与经济全球化之间相互“侵蚀”引发的国际秩序混乱。这是国家主权趋弱之下人类全球性集体行动的困境。

21世纪的全球矛盾已经从20世纪国家之间的斗争演变为反全球建制派的斗争。特朗普时代的一系列国际冲突，表面上看是国家行为，实质上是不公平的全球化秩序的受害者与全球建制派之间的冲突。

这里，笔者有必要重复这一观点。从20世纪90年代开始，即苏联解体后，经济全球化逐渐形成一个既得利益群体。他们主要是跨国公司、金融巨头、科技巨头及全球性建制派政治势力。他们一方面推动了经济全球化，另一方面又扭曲了经济全球化。他们建立了有利于自身利益的国际秩序，比如允许资本全球流动、跨国投资、海外避税，同时又利用国家主权限制劳动力流动，向本土中产及企业征税；又如借助海外国家主权势力建立市场壁垒，享受垄断红利，打击本土企业及工人。

新“金德尔伯格陷阱”并非必然存在，而是在经济全球化过程中国家主权被削弱、国际秩序被统治的结果。建制派将国家主权让渡出去，又没有建立公平的国际秩序，他们成为不容易被监管的国际势力。换言之，全球建制派势力同时享受了全球化和国家主权两种制度的好处——信用货币扩张红利、国际避税红利及行政垄断红利，而其他人成为这两种制度合力的受害者——高房价、高债务及高失业。

全球建制派总是制造国家冲突以混淆视听，但都无法掩盖国际秩序的主要矛盾，即对全球建制派势力的反抗。

特朗普、拜登对中俄采取的政策完全不同。那么，美国与俄罗斯到底是什么关系？为何不同总统对中俄的态度不同？这显然不符合金德尔伯格的霸权稳定理论。

其实，特朗普和拜登对中俄不同的政策，不取决于国家关系，而取决于他们代表全球化秩序下的不同利益方。特朗普的支持者（本土企业、工人、中产、商业经营者）是当今国际秩序的受害者，他们希望加入"全球利益链"或"瓦解旧秩序"。建制派代表拜登的支持者（华尔街势力、跨国公司、金融及科技巨头）是当今国际秩序的受益者，他们渴望维持旧秩序。

当今国际秩序的公共费用要比"二战"前高得多，世界和平、自由贸易、金融稳定、环境保护、传染病防治、贫困救助、知识产权保护等国际公共用品极为庞大。特朗普上台后大力削减美国在国际公共用品上的费用，拜登上台后第一时间恢复群聊，称美国要重新领导世界秩序。那么，美国到底是否愿意承担国际用品的费用呢？

这显然不是总统的个人爱好，也不是国家的战略分歧，而是全球化下的不同利益群体间的冲突。对于特朗普的支持者来说，他们为这些国际公共用品支付大量费用却没有太多实质性的好处。但是，拜登的支持者不仅是受益者，还可能不需要为此付费。这就是经济学家奥尔森在集体行动困境中所说的选择性激励。拜登入主白宫第一天就让美国重返《巴黎协定》。为什么？《巴黎协定》与拜登的绿色新政的利益是一致的。绿色新政的财政预算超过万亿美元，远远超过制造业计划。美国金融及科技巨头是绿色新政的直接受益者。

可见，如今，国家利益是大国冲突的假象，而真相是扭曲的国际秩序下的利益冲突。国际公共用品费用的矛盾主体不再是大国，而是全球化下的分利集团。

但是，全球建制派维持扭曲的国际秩序，利用国家主权阻挠全球化深入发展，可能引发国家冲突。

美国经济学家保罗·萨缪尔森在2004年的《经济学展望》杂志上发表了一篇论文:《主流经济学家眼中的全球化：李嘉图—穆勒模型给出的证明》。这篇文章预言，当技术进步使中国获得了原属于美国的比较优势，美国就会永久性地失去真实的人均收入。这时继续自由贸易，中国将获得净福利的增加，而美国将遭受损失。

萨缪尔森的发现引发了巨大的争议，被称为“萨缪尔森之忧”，也叫“萨缪尔森陷阱”。2018年中美经贸摩擦似乎证实了萨缪尔森的预言。

但是，这是大国冲突的假象。真实的情况到底是什么呢?

“萨缪尔森之忧”的基础是他的要素价格均等化理论。如果要素完全自由流通，中国劳动力可去美国，美国的技术可来中国，那么两国的要素价格会趋于均等化。但是，价格均等化并非静态的，企业预期将失去价格优势，会加大技术创新，深化国际合作，建立新的比较优势。所以，要素价格均等化是经济全球化完美的竞争过程。

但是，萨缪尔森的担忧是，如今的全球化是扭曲的，劳动力不能自由流通，但资本、信息与技术可自由流通；中国会持续学习获得原本属于美国的比较优势，即先进技术，而美国却无法获得中国的廉价劳动力优势。萨缪尔森预言，如此下去，美国将吃亏。

“萨缪尔森之忧”的真正内涵并非否定全球化——自由贸易引发国家冲突，而是限制要素自由化的国家主权、制度及政策导致经济全球化半道遇阻，可能最终引发国家冲突。国家主义干预及不公平的国际秩序可能置经济全球化于动荡与危险的地步。

经济全球化演变从最初的贸易全球化，逐步深入发展到信息、资本、科技、人才等要素全球化，再进一步发展到财政、货币、国家主权、价值观、婚姻、生活的高级全球化。这是人类通往经济繁荣与世界和平之路。

然而，从国家主权到全球化市场主权，是一个充满谎言、假象以及不断制造噪声与冲突的过程。在这一扭曲的全球化过程中，大国冲突的广场背后站着另外一个“布局者”。

参考文献

[1] 查尔斯 · P. 金德尔伯格. 1929—1939年：世界经济萧条[M]. 宋承先,洪文达,译. 上海：上海译文出版社,1986.

[2] 尼古拉斯 · 韦普肖特. 哈耶克大战凯恩斯[M]. 闾佳,译. 北京：机械工业出版社，2013.

[3] Paul A.Samuelson. Where Ricardo and Mill Rebut and Confirm Arguments of Mainstream Economists Supporting Globalization[J]. Journal of Economic Perspectives,2004,18（3）.

[4] 保罗 · 萨缪尔森. 主流经济学家眼中的全球化：李嘉图—穆勒模型给出的证明[J]. 傅诚刚,译. 比较,2017（91）.

大国博弈的演变

在没有特朗普的日子里，一些人期许世界变得安静一些。但是，拜登执掌白宫不到3个月，一系列事件令很多人感到震惊与不解。

他是一个更狠的角色吗？大国博弈会朝什么方向演进？

01
拜登的两难

现如今，美国的政治博弈不再是民主党与共和党之间的斗争，而是建制派与非建制派之间的斗争。

特朗普“意外”入主白宫，犹如一头公牛闯进了一家豪华瓷器店。一顿猛如虎的操作后，瓷裂玉碎，惊动四邻。支持者将特朗普视为颠覆秩序的变革者，反对者认为特朗普意在“碰瓷”，敲诈建制派。拜登想方设法将特朗普赶出了瓷器店。

拜登上台的主要任务是，拿起金刚钻修复瓷器店，捍卫建制派建立的旧秩序以及既得利益格局。从目前来看，内政和外交都在朝这个方向前进。拜登政府推出“万亿财政计划”，其中很大部分是用于安抚黑人等少数裔、环保主义者、福利主义者。这些人是拜登及建制派的铁杆票仓，简称第一票仓。

在对外方面，拜登努力修复建制派建立的国际秩序。维护旧秩序主要是维护华尔街金融、科技巨头、跨国公司的利益。他们也是拜登及建制派的铁杆票仓，简称第二票仓。

第一票仓和第二票仓在内政外交上存在很多共同利益。比如，拜登政府推出“万亿财政计划”，一大部分给第一票仓发放福利，另一大部分给第二票仓发放美元红利。

拜登政府不是主张对富人征税吗？给穷人发放福利，最终不是由第二票仓买单吗？这是一种误区。拜登及建制派主张对富人征税来补贴穷人，但是他们针对的富人是“美国”的富人，主要是美国本土的中小企业主。真正受打击的是中产阶级，他们背负着沉重的工薪税。拜登政府对富人征税不会冲击到第二票仓。因为华尔街金融、科技巨头、跨国公司在全球投资、全球避税。跨国公司在新兴国家滞留大量利润与现金，反复投资新兴市场。不仅如此，美国政府及世界主要国家纷纷降低跨国公司及国际资本的资本利得税。所以，拜登政府扩张财政，美联储扩张货币，华尔街金融、科技巨头、跨国公司能够手握更多廉价美元在全球攻城略地。

对外，第一票仓与第二票仓也有诸多共同的利益，比如欧美日政治同盟。拜登帮助美国恢复国际群聊，恢复与欧洲、日本的盟友关系。为什么这方面的推进比较顺利？第一票仓在欧洲与日本几乎没有多少经济利益，但是他们的意识形态与欧洲、日本是一致的。黑人等少数裔、环保主义者、福利主义者，再加上高校、媒体知识分子，他们多数都拥护左翼意识形态，主张绝对自由、平等与人权。他们的政治诉求是世界性的，超越国家与民族概念。

第二票仓在欧洲、日本有着重大的经济利益，华尔街金融、科技巨头与跨国公司渴望与欧洲、日本维持稳定关系。第一票仓的意识形态和第二票仓的经济利益，在欧洲和日本是一致的。比如，拜登第一时间让美国重新加入《巴黎协定》。这符合第一票仓的意识形态，他们追求绝对环保主义。他们的低碳诉求不仅在美国国内，而且覆盖整个地球，包括北极冰川、亚洲重金属和非洲生活垃圾。《巴黎协定》也符合第二票仓的经济利益，拜登政府推出了“万亿绿色新政计划”支持科技企业，比如特斯拉可以获得绿色补贴。这笔钱远远超过了振兴本土制造业的资金。

拜登上台后，美国与俄罗斯的关系迅速恶化。拜登政府将俄罗斯视为“最大威胁”。乌克兰和土耳其立即开展军事行动，俄罗斯的军事压力快速上升。为什么？

在俄罗斯问题上，第一票仓和第二票仓的利益也是一致的。一方面，俄罗斯不符合第一票仓的意识形态诉求。他们认为普京治理下的俄罗斯政治有悖于民主与自由。拜登在谈“民主与专制”时，称俄罗斯“讲独裁”。另一方面，俄罗斯过去30多年参与经济全球化的程度很低，华尔街资本、科技巨头及跨国公司在俄罗斯的经济利益很少。换言之，俄罗斯不是全球建制派既得利益格局的一份子，第二票仓不在乎美国与俄罗斯关系恶化，他们反而担心俄罗斯政治可能威胁到他们在欧洲及西亚的经济利益。

再看其他新兴国家。第一票仓和第二票仓在印度的利益基本一致。印度是一个很复杂的社会，民主、自由、先进与贪腐、愚昧、混乱并存。大体上，第一票仓认可印度。同时，第二票仓，主要是科技巨头，与印度关系密切，硅谷不少技术精英和高管精英都是印度人。拜登政府在印度会延续奥巴马时代的印—太—亚战略。

对于另外一些新兴国家，第一票仓的意识形态和第二票仓的经济利益存在严重的冲突。

过去几十年，华尔街金融、科技巨头和跨国公司将大量的资本转移到一些新兴市场。新兴市场的劳动力和土地廉价，工会力量薄弱，市场具有保护性，对外资征税少，他们赚得盆满钵满，反复投资新兴市场。通用汽车、福特汽车、可口可乐、英特尔、微软、苹果等巨头都极度依赖新兴市场。特朗普试图让跨国公司回流美国振兴本土制造业。他们似乎无动于衷，为什么？

过去几十年，美国与新兴市场已经形成了稳固的全球化利益格局。美国政府和美联储负责扩张美元，支持华尔街金融、科技巨头和跨国公司对新兴市场输出廉价的美元，新兴市场吸纳资本投资向美国出口商品赚取外汇，再用外汇购买美债，美元回流到美国政府及华尔街金融市场。换言之，新兴市场是建制派全球既得利益格局的一环。

这就是我们前文说的“东食西宿”。

这种经济全球化的循环虽然是扭曲的、失衡的，一边是巨额的贸易逆差，另一边是巨额的贸易顺差，但是维持既有格局对第二票仓，包括美国政府来说是最有利的。第二票仓希望替换特朗普扶持拜登上台。如今，拜登的艰巨任务就是如何恢复与新兴市场的利益格局。

特朗普打破原有的格局，与一些新兴国家对立，甚至一度进入外交“冷战”，双方外交高层长期不再对话。拜登上台马上释放积极信号，恢复高层接触，组织外交谈判。但是，谈判的结果令人震惊。特朗普谈贸易，谈不拢就不谈了。拜登一上来就谈政治，不是谈贸易，而且吵得很凶。拜登更像是一位政治家，看起来是一个更

“狠”的角色。

怎么评价拜登政府这些行为？

首先需要明确的是，接触总比不接触好，吵架总比“冷战”好。拜登政府谈判的最大动机来自第二票仓，也就是华尔街金融、科技巨头和跨国公司给拜登政府的施压。但是，拜登为什么只谈政治，不谈贸易？

原因来自第一票仓。第一票仓在这些新兴市场没有太多经济利益，但其意识形态上的诉求近些年火速升温。过去，他们的态度多数是不关注、不关心。但是，如今他们冲到了最前面。

这使得拜登陷入“两难”。拜登没办法二选一，只能安排先后顺序。第二票仓经济实力强大；第一票仓政治力量强大，选票规模大。拜登不敢上来就谈经济利益，容易触犯到第一票仓，陷入“政治不正确”。作为左翼政党，拜登只能把政治牌坊先立起来，把意识形态的问题说清楚。这么做，一方面是对第一票仓有个交代，另一方面是为第二票仓的经贸谈判提高筹码。

02
博弈的演变

从全球范围来看，拜登政府正在推动欧洲、日本及印度往之前的建制派全球利益格局上回撤。现在美欧日印的步调整体比较一致，偶有冲突。俄罗斯又将回到2014年克里米亚事件后的国际环境，甚至可能比当时更加严峻。

当前，新兴国家能否与美国一同回到原来的轨道，这是对拜登政府的挑战。如果破镜无法重圆，损失最大的是谁？是全球范围内的建制派，包括拜登政府、克林顿家族、华尔街金融、科技巨头和跨国公司，以及新兴国家的建制派势力。

拜登试图联合欧洲共同施压促成全球利益格局回归。欧洲的建制派是一股庞大的既得利益者，他们在新兴国家的经济利益不逊于美国。欧洲建制派比拜登更渴望回归原来的轨道，而且他们国内的政治压力还相对小一些。预计，默克尔卸任后，建制派将继续执掌德国，遥控欧盟。从诉求上来说，美国和欧洲是一致的，只是在手段上可能会有分歧。主要原因是，拜登在本土面临的政治压力（主要是第一票仓）要更大。

拜登最希望的是第一票仓对新兴国家不要扯大旗，不要渲染政治正确。这样可以降低恢复关系与秩序的难度。既然现在政治正确的大旗竖起来了，拜登就不得不做两手准备：一方面想方设法降低政治压力；另一方面随时拿政治正确这面大旗提高谈判筹码，同时为自己护身。拜登政府将谈判地点设在了美国本土之外的州，目的是降低压力。但是，谈判的主题都是政治，谈判的形式都是政治正确。谈政治的回旋余地比谈经济还小，谈政治能否有突破取决于拜登在美国第一票仓给他的压力有多大。压力越小，越好和稀泥；压力越大，难度越大。

接下来会怎样演变？

特朗普的博弈，是打破全球化旧秩序的博弈；拜登的博弈，是恢复全球化旧秩序的博弈。需要正确认识的是，不管是特朗普的博弈，还是拜登的博弈，都不是国家之间的博弈。但是，如果拜登的博弈没有达成合作，就很可能演化为国家之间的博弈，甚至是更为激烈的国家斗争。

什么意思？

特朗普发动经贸摩擦，表面上是国家之间的斗争。特朗普的口号就是“美国优先”，捍卫美国人民的利益。但是，这种行动的本质却不是国家斗争。特朗普只是借用美国的政治力量、国家主义的口号试图改变过去的全球化贸易规则。这种斗争根本上是对建制派的斗争，对全球化旧秩序的冲击。

特朗普是一个政治素人，他代表的本土制造企业主、工人、城市中产没有在新兴国家获得利益。他们以国家力量相威胁，试图打破之前的利益格局，然后让制造企业主、工人、城市中产获取一些利益。但是，新冠肺炎疫情打断了这个计划，同时为了应付大选连任。特朗普后来的态度是不谈判、不接触、放放再说。

但是，拜登不一样。拜登及建制派嘴上讲得最多的就是政治，私底下都是经济利益，而且还是全球经济利益。拜登讲政治，定然拉上国家主义。对拜登来说，国家主义是一股力量，可以提高他的谈判筹码；更重要的是，国家主义还是他最后的护身符。如果政治上的合作失败，经济上的合作大概率也会失败，那么拜登便可以顺势切割利益，将国家主义拿出来立牌坊。

为什么？这跟他的票仓有关系。拜登的行动如果失败了，第二票仓可能会放弃他。为了挽回第二票仓，他必须拿出国家主义的力量往凶狠的方向打。同时，向第一票仓掩饰建制派在新兴国家的利益，拜登必须将矛盾转移、上升到国家斗争层面。这叫拜登“豹变”。

20世纪40年代，美国对一个国家实施石油禁运，最开始的石油禁运流于形式，美国没有禁运该国战机使用的原油。为什么？因为当时美国一批人在这个国家的经济利益很大。他们反复地、紧张地跟对方谈判，试图将矛盾压下去。但是，当矛盾激化后，这群人为了自救，掩饰经济利益，明确政治立场，变成了最为强硬的强硬派。

有人提出，新兴国家可减持美国资产来反制美国。这其实不是行不行的问题，而是对问题是否会误判。上面讲到，拜登政府与新兴国家的博弈并不是国家之间的斗争。减持外汇也好，政治施压也罢，这些是国家主义的策略，利用国家手段来提高谈判筹码。这是建制派的政治套路，但对新兴国家不利。如果现在发动外汇战，就相当于主动将矛盾上升到国家斗争的层面。

所以，特朗普与拜登的行动，导致的结果可能完全不同。前面说，接触总比不接触好，吵架总比“冷战”好；但是，如果接触完全失败，吵架吵到彻底翻脸，那么结果要比不接触、“冷战”更加糟糕。所以，拜登行动的后果要比特朗普大得多。谈好了，回归到原来的秩序；没有谈好，他迫于政治压力，会将问题升级到国家斗争的层面。

反过来说，如果拜登促成了谈判，是否有利于新兴国家呢？如果撤回到全球化旧秩序，其实对大多数人来说不是好事。对拜登来说，政治谈判的目的是彰显政治正确，安抚第一票仓，而不是对新兴国家的政治有什么改变。他的根本意图在经济利益上，也就是修复和维护第二票仓与新兴国家之间的利益格局。

他们死死捍卫的原来的全球利益格局建立在两大支点上：一是美联储及新兴国家央行大规模地印钞；二是不公平的、限制性的国际市场。

可是这种秩序会引发国际收支失衡，触发国家斗争，华尔街金融、科技巨头和跨国公司坐收美元及不公平秩序的红利，美国本土中小企业主、中产阶级承担高房价、高债务和高税收，新兴国家的工人和消费者也深受其害。

对新兴国家、经济全球化和人类文明来说，拜登领导的全球建制派是一股退步力量，也是一股顽固势力。拜登政府如果与欧洲、日本达成合作，与新兴国家达成合作，世界将重回熟悉的轨道，并驶向高债务、高泡沫、贫富悬殊、经济危机、国家冲突及社会动荡的深渊。

03
最终的答案

面对拜登政府，新兴国家的民众容易感到迷茫和焦虑。

国家主义的噪声很大，如果迎合这种噪声，相当于正中了拜登及建制派的下怀。当清晰地认识到矛盾的本质时，虽不再迷茫，但又会感到焦虑。如果原有的秩序无法修复，博弈可能上升到国家冲突；如果回到原来的轨道，糟糕的结局似乎就在眼前。

不过，不必过度悲观，拜登领导的建制派旧秩序早已难以为继。

2008年金融危机是全球化旧秩序崩盘的开始，特朗普是加速崩盘的推手。虽然这是一个全球化的秩序，但是它的核心在美国。击溃这个秩序的手段不是国家的手段，也不是经济的手段，而是美国的政治。选票是击溃这个庞大的全球利益格局的关键力量。特朗普赢得了选票，冲击了这个秩序。

当然，建制派也试图利用自己的政治力量来改变选票。拜登利用邮寄选票的规则夺走了更多选票。

全球化秩序的斗争最终聚焦到美国的选票上。拜登和建制派的优势是，他们控制了参议院和众议院，可以扩张财政来收买更多的选票。这让人感到悲观和不安。但是，这种模式是不可持续的，受制于债务危机和通货膨胀。

民主党的执政理念在文化上是绝对自由主义，但在经济上是反自由主义。历史上，民主党长于军事、政治，弱于经济。在经济上，民主党的政策通常是扩张财政刺激经济。最近20多年，建制派（包括民主党和共和党）更是依赖美元超发来维持政治利益。美元，一部分发给穷人收买选票，另一部分搞大基建刺激经济，还有一部分给华尔街金融巨头。这样做的结果是联邦财政赤字攀升。拜登在特朗普基础上进一步扩张了财政赤字。

这钱谁来出？

美联储印刷美元来支付。这相当于透支国家信用，最终还是由美国纳税人买单。2021年，美联储提高对通胀的容忍度，目的是给拜登的刺激计划提供美元支持。但是，随着经济复苏，美联储转向货币紧缩是迟早的事情。如果通胀快速抬头，美联储将不得不收缩美元。

美联储无法持续扩张美元，剩下的办法就是征税。拜登政府的办法是向美国本土企业主和中产阶级征税。

拜登政府推出BBB（Build Back Better）大基建计划，这项计划的资金规模可能达到3万亿美元。为了筹集这笔钱，拜登政府计划增加税收。在所有加税的对象中，征收规模最大的是美国本土企业，预计企业所得税将从目前的21%提高到28%。他还计划对富人的资产加税，向收入超过40万美元的个人加税，最高个人税率恢复到特朗普之前的39.6%。

如果这项加税计划实施，可以看出，受冲击最大的是美国本土中小企业主、富人及中产阶级，而华尔街金融、科技巨头和跨国公司，他们在全球投资、全球避税，可以完美地避过拜登加税。为什么加税对中产阶级也不利？

美国本土中小企业主和富人是拜登加税的主要对象。税收增加，收益下降，本土企业的效益受到影响，减少产能，减少工资，降低雇佣，代价最终由中产阶级买单。拜登的财政用于大基建或给穷人发放，并没有回馈到中产阶级身上。另外，征税削弱了本土制造企业的竞争力，导致更多的美国企业转移到新兴国家，工人及中产阶级进一步受损。

建制派的执政策略是“瓮中捉鳖”加“放飞自我”。建制派默许新兴国家建立行政性垄断市场，同时超发美元支持跨国公司在当地享受各种红利。这就是“放飞自我”。跨国公司在海外制造廉价商品又出口到美国，杀死了大量的美国本土企业，导致大量工人失业。失业的工人、收入增长缓慢的中产阶级，还要支付美元超发推高的房价。现在很多美国人已经看清了建制派的手段，他们利用这种旧秩序反复地收割美国本土企业及城市中产阶级的财富。这就是“瓮中捉鳖”。

如今，美国本土企业主、本土富人、城市中产阶级、工人正是拜登的反对者、这种旧秩序的受害者。当然，受害者还包括新兴国家的消费者、工人和中产阶级，但是他们多数未意识到这一点。真正有能力改变的力量，来自美国几千万张选票，来自美国本土企业主、中产阶级、工人的选票。

所以，击溃这股全球化旧秩序的力量，不是俄罗斯，也不是新兴国家，而是美国的政治选票。日本思想家福泽谕吉曾说过："一个民族要崛起，要有三个方面的改变：第一是人心的改变；第二是政治制度的改变；第三是器物和经济的改变。"如果将这个顺序颠倒过来，先经济后政治和人心，表面上是捷径，其实很难走通。当今世界的问题，已超越了民族与国家，建制派控制的旧秩序是全球性的。如今，这张覆盖全球的大网，之所以还能被捅破，主要在于一部分美国人看到了其中的问题，并能利用政治制度改变这种情况。

最后，回到恢复全球化旧秩序的博弈主题。新兴市场切忌将这种博弈国家主义化、民族主义化。拜登试图恢复全球化旧秩序的博弈不是国家与国家之间的斗争。建制派试图打国家主义牌、民族主义牌，增加谈判筹码，尽快恢复旧秩序。越是如此，新兴市场越要保持冷静、理性与睿智，防止建制派"豹变"，将博弈升级为国家冲突。

如今，让美国人去打架，让美国人去吵架，让美国人去政治斗争，"隔岸观火"就是一种作为。共同努力维护国家关系的稳定，对美国本土企业主、中产阶级、工人是最有利的，对新兴市场是最有利的，对改变这种扭曲的、失衡的、不公平的旧秩序也是最有利的。

安静，让世界变好。

参考文献

福泽谕吉. 文明论概略[M]. 北京编译社,译. 北京：商务印书馆,1998.

大国技术的答案

大国重器，源自何方？

在全球化时代，顶级重器不在大国，而在大市与大士。本书从经济学的角度探索技术创新与自由市场、基础科学、国家治理的关系。

01
技术、市场与国家制度

最近300年的全球经济增长给世人提供了一条近乎可靠的经验：自由市场发达程度与技术发达程度（专业水平）呈正相关。如今，自由市场高度发达的全球化国家，如美国、日本、德国，其综合技术水平均为世界顶级。相反，我们几乎找不到一个市场羸弱但技术顶尖的国家（俄罗斯可作为特例讨论）。

逻辑上是否成立？

经济学家对技术的认识滞后于常人，将技术作为内生性纳入经济学的考量已是20世纪80年代的事情。在亚当·斯密的时代，英国第一次工业革命刚刚开始。斯密与瓦特是老乡，他所在的格拉斯哥大学资助了瓦特的蒸汽机项目，他还给瓦特团队安排过宿舍。斯密发表《国富论》的1776年，瓦特也研制出了应用型蒸汽机。

斯密在《国富论》中提出劳动分工促进经济增长。他在第一章《论分工》中指出，“劳动生产力上最大的增进，以及运用劳动时所表现的更大的熟练、技巧和判断力，似乎都是分工的结果”，“其中技术变迁以分工加速知识积累的形成，成为报酬递增永不枯竭的源泉”。

斯密在此基础上发现了专业化分工与自由市场之间的关系。他认为“分工受市场范围的限制”。斯密以运输为例说明问题，比如水运开拓了比陆运更大的市场，从而“各种产业的分工改良，自然而然地都开始于沿海沿河一带。这种改良往往经过许多年以后才慢慢普及到内地”。这就是“斯密定理”。

通俗点解释就是，市场规模（有效需求）越大，分工越精细，专业化程度越高。假如市场只需要一辆车，定然不值得新建一个轮胎厂、玻璃厂、塑料厂、木材厂、皮革厂、组装厂等分工生产；然而如果是100万辆汽车，分工生产更具效率和福利。如今的国际市场，汽车的有效需求量非常大，形成全球化的汽车产业链，跨国协作，分工精细，专业化程度高。

古代农耕社会也有劳动分工，比如男女分工，但是分工的专业化程度极低。为什么？因为没有发达的自由市场。古代农耕经济是计划经济，劳动分工由人为支配，劳动成果也是人为分配。没有交换就没有自由市场，没有发达的自由市场便无法提高分工的专业度。

所以，“斯密定理”揭示了一个技术进步的规律：市场规模越大、程度越发达，专业化分工与技术水平越高。换言之，在同等条件下，更大的市场决定更顶尖的技术。“斯密定理”也揭示了融入经济全球化的重要性。如今，几乎任何领域最顶尖的技术，如顶级芯片、航空发动机，都是全球化精细分工与高效协作的结果。

比如，全球顶级的极紫外光刻机，里面的零件超过10万件，由全球5000家供应商共同来完成。其中，荷兰腔体和英国真空占了32%，美国光源占了27%，德国光学系统占了14%，日本的材料占了27%。就说日本，极紫外光掩膜/光掩膜坯检验设备来自日本的Laserte，极紫外电子束掩膜设备来自日本的NuFlare，涂覆显影设备的提供商是日本的东京电子，极紫外专用激光光源的两家供应商之一是日本的Gigaphoton，极紫外专用光刻胶来自日本的富士胶片和住友化学。前段时间日本胶水告急，就导致了全球芯片生产受阻。

所以，一个国家、一个企业想要获得最先进的技术，必须高度融入经济全球化，深度参与国际产业链分工与协作。一个国家、一个企业如果从种地到芯片制造都自己单干，是无法获取全球最顶尖技术的。

中国制造业技术迭代靠什么？主要是国际市场驱动。中国制造业靠规模效应生存，跨国公司推出了新产品，如苹果手机、特斯拉汽车，制造巨头如富士康、特斯拉上海工厂在上下游迅速形成一系列庞大的标准化的设计规格、工艺标准和技术参数。当跨国公司推出下一个主打新品时，整个产业链就会出现技术迭代。

但是，经济全球化与国家制度存在天然的矛盾。国家权力具有高度的垄断性，如果加入全球化市场，公共机构将失去这种垄断权力，一方面面临来自各国政府的竞争，另一方面需要对外妥协并让渡权力。经济全球化是一个去国家化的过程——随着经济与技术合作深化，国家主权亦不断对外让渡。“二战”之后的全球化一日千里，参与全球化的国家对外让渡了部分关税、货币、财政等主权。所以，国家制度对经济全球化具有天然的排斥感，进而不利于本国企业深度参与国际市场获得最先进的技术。

不过，在同等条件下，小国要比大国更愿意介入全球化，强国要比弱国更愿意介入全球化。

新加坡、丹麦、瑞士、芬兰、荷兰等小国，更愿意加入国际市场。为什么？因为这些国家的市场规模小，不足以驱动精细化的分工，不利于技术进步。相反，如果他们融入全球化，参与国际分工，庞大的国际市场可以促使其提升某一领域、某一环节的技术水平，进而在国际市场上获得全球最顶尖的技术。比如，荷兰阿斯麦尔与全球顶尖科技企业合作生产出全球顶级光刻机。

可见，小国的国家命运、经济增长、技术进步、国民利益、政府利益与国际市场高度捆绑、趋于一致，因此小国政府更有动力融入国际市场，愿意对外让渡部分主权以换取经济增长。这就是诺斯效率。

新加坡是一个典型案例。新加坡最初是马来西亚联邦最富裕的州，每年向联邦政府上缴40%的税款。但是，联邦政府不愿意向新加坡开放沙巴和沙捞越市场，于1964年还将税款比例提高到60%。1965年，在马来西亚民族主义运动中，新加坡被踢出了联邦。独立后的新加坡成为一个资源贫瘠、市场狭小的岛国，而且经常受到马来西亚中断淡水供给的威胁。这时新加坡领导人李光耀果断选择融入全球化，以全球化市场在政治上保全自己，在经济上强大自己。如今，新加坡深度介入全球制造，优势在精密工程环节。新加坡有

2700多家精密工程公司，这些公司为全球半导体、医疗设备、石油勘探钻头、制冷压缩机提供设计方案、制程工艺与精密机器。

大国参与全球化的动力要更弱一些。大国市场存量较大，内部产业分工可达到一定的水平，从而削弱了对外部市场的依赖度。同时，大国的政治垄断市场庞大，公共机构不愿意因参与全球化而削弱这部分市场。这类国家倾向于坚守政治垄断市场和民族主义思想市场，参与全球化的阻力大，同时介入意图明显——从国际上获得先进技术与资本。

大国中的强国比弱国更愿意介入全球化。因为强国在国际市场上更具竞争优势，经济全球化更有助于其提高技术水平，扩展货币和政治影响力。如19世纪早期的美国不够强大，一度构筑高关税抵触来自欧洲的商品。“二战”后的美国重新构建了国际秩序，开始推动自由贸易与金融全球化。

“斯密定理”简洁明了地告诉我们，国家和企业只有深度融入全球化才有可能获取顶级的技术，而融入全球化需要突破政治市场和思想市场。

02

技术、教育与国家投资

不过，斯密对技术引致规模递增的认识是不完整的。自由市场促进专业分工，专业分工推动技术进步，技术进步引发规模递增，规模递增进而导致垄断。简化逻辑即是自由市场导致垄断，斯密担心逻辑上无法自洽，故中断规模递增方向上的研究。后来，英国经济学家马歇尔概括了斯密这一担心，被称为“马歇尔悖论”。

此后百余年，瓦尔拉斯等经济学家进入了边际递减的数学研究领域。1928年，美国经济学家阿林·杨格在就任英国科学促进协会经济科学与统计学分部主席一职时发表了一篇演说——《报酬递增与经济进步》，这篇演说沿着“斯密定理”往前走了一步。

杨格认为，“分工取决于市场规模，而市场规模又取决于分工，经济进步的可能性就存在于上述条件之中”。分工既是经济进步的原因，又是其结果。这就是著名的“斯密—杨格定理”。什么意思？

杨格其实使用了萨伊学说，即有效供给创造有效需求，认为专业分工可以创造新技术、新产品、新供给，进而开拓有效需求，拓展市场规模。杨格指出：“某一产业的增长率是以其他产业的增长率为条件的。”这其实是萨伊定律的另一种表述。杨格认为，“其中最有力的因素可能是新自然资源及其应用的发现、科学知识的增加”。

在经济学历史上，杨格这篇文章价值非常大，他自己将其视为“在全部经济学文献中最有阐述力并富有成果的基本原理之一”。然而，这篇文章被埋没了50年之久，无人问津。经济学家西奥多·舒尔茨也感到奇怪：“令人不解的是在杨格发表了精辟的文章之后，经济学界竟对这个问题长期保持沉默。”

我们沿着杨格的方向往前看。进入20世纪，尤其是“二战”后，全球化产业分工越来越精细，技术供给端的优势越来越明显，基础科学决定了一国乃至全球技术的高度。在斯密时代，技术受市场规模制约，技术创新具有相当的适应性、自发性，同时技术创新多为贴近市场的应用型技术。英国科学家牛顿出版《自然哲学的数学原理》后，打开了近代科学的大门。但是，当时的基础科学距离市场还比较远。第一次工业革命主要是工程师与应用技术推动的，瓦特的祖父和叔父是机械工匠，父亲是木匠，瓦特是机械工程师，他改良了蒸汽机。

到了杨格时代，进入买方市场，回归到萨伊学说，技术创新从适应自发转向主动拓展——新技术创造新产品，新产品创造新需求。“二战”后，基础科学与市场的距离大大缩短，国家对基础科学的投入对新技术、新产品与新市场的影响巨大。

但是，基础科学存在一个严重的问题——经济外部性。

外部性是马歇尔在其《经济学原理》中提出来的概念。所谓外部性，就是溢出效应，基础科学是一种信息，信息容易被传播和习得，成为类公共产品。如杨振宁的杨—米尔斯（Yang-Mills）理论，是全人类共享的成果，其贡献是全人类的。

马歇尔的得意门生庇古在其《福利经济学》中使用外部性原理提出了最有效率等式。按照庇古的理论，科学家提出的原创性基础理论被广泛传播与应用，即私人边际收益小于社会边际收益，这说明社会占了私人的便宜。投资与回报不成正比，私人企业不愿意投资基础科学，科学家也不愿意搞基础研究。所以，外部性导致基础科学成为低效率、无效率的市场。

那么，该怎么办？

既然市场无效，企业不投资，那只能政府来投资。早在1945年，美国国家科学研究与开发办公室主任万尼瓦尔·布什就向杜鲁门总统提交了著名报告《科学——没有止境的前沿》，阐述了基础科学的重要性。报告建议成立美国国家科学基金会（NSF），负责资助基础科学研究。根据这份报告，美国逐渐形成了一种混合模式，即联邦研究机构、大学、企业和非营利科研机构四类主体有效分工协作——避免基础科学的公共特性问题。

外部性也会导致政府投资受损，为什么国家愿意投资基础科学？

马歇尔是这样解释的。他将其划分为内部经济和外部经济：内部经济激励企业投资技术，实现规模递增，进而获取垄断利润；外部经济削弱企业的投资积极性，但不影响整个社会的经济效率，因为外部经济提高了其他人的收益。这就是“马歇尔悖论”。他试图通过整体效率不受损来化解斯密的担忧。

政府愿意投资基础科学，外部性让政府投资受损，但整个国家均受益。技术增长理论开创者、美国经济学家保罗·罗默支持马歇尔的观点，他认为技术外溢不影响帕累托改进。所以，根据萨伊学说和斯密—杨格定理，国家投资基础科学，避免外部性问题，可以促进技术创新。

但是，罗默提出了一个现实的问题：技术外溢会影响国家力量之此消彼长、兴衰更替。

在全球化时代，技术外溢到国际市场，被他国免费获取，会导致政府投资受损，进而打击国家投资基础科学的积极性。基础科学投资巨大，周期很长，风险不可控，但是收益均沾，哪个国家都不愿意为他人作嫁衣。

不过，在全球化时代，有两类主体还愿意投资基础科学：一是大型跨国公司；二是全球化国家。

这个可以用美国经济学家曼瑟尔·奥尔森的“集体行动的逻辑”来解释。外部性导致利益均沾，出现“搭便车”现象，该怎么办？

奥尔森认为，创造两个条件，集体行动就可以持续：一是集体成员的“不对称”；二是“选择性激励”的存在。这两个条件让组织者获得超额收益（超过集体的平均收益），推动集体行动前进。这可以概括为“奥尔森效率”。

在全球化时代，大型跨国公司和全球化国家投资基础科学的外部性损失相对较小、收益相对较大。对于整个国际市场来说，外部性不影响经济全球化的效率。基础科学越发达，经济全球化的效率越高，依赖全球化生存的大型跨国公司和全球化国家的收益也就越大。

比如，Java最初是由Sun Microsystems开发和支持的，该公司后被甲骨文收购。C语言是由美国电话电报公司的贝尔实验室的科学家丹尼斯·麦卡利斯泰尔·里奇发明的。他还与肯·汤普森开发了大名鼎鼎的UNIX操作系统。

美国政府通过国家科学基金会支持大学与科学家研究基础科学。美国国会在20世纪80年代通过的《拜杜法案》规定，允许大学和其他非营利组织获得政府资助项目的发明专利。这个法案促进了技术成果转化。谷歌公司最初的PageRank算法就是来自国家科学基金会数字图书馆计划（DLI）资助的项目，还在斯坦福大学就读的拉里·佩奇用这一算法创立了谷歌公司。

可见，编程语言的开发让全世界受益，而大型跨国公司和全球化国家获益是最大的。奥尔森效率促使大型跨国公司和全球化国家愿意投资基础科学，他们也因此获得了全球顶级的技术。

03
技术、自由与国家治理

不论从斯密定理角度，还是从奥尔森效率的角度，国家和企业深度融入全球化更可能获得顶级技术。

但是，一个未完全开放的国家要融入全球化是艰难的。尤其是拥有一定市场规模的大国，具备一定的专业分工与技术水平，同时还拥有庞大的政治垄断市场与民族主义思想市场。

同样，一个未完全开放国家投资基础科学也是艰难的，这类国家倾向于投资应用技术；而全球化国家倾向于投资基础科学。因为基础科学的外部性比应用技术更强，一个未完全开放国家投资基础科学不具备“奥尔森效率”，全球化国家则相反。

如何解决？

我们先看第一个问题。封闭的、狭小的、劣质的市场，定然阻碍一国的产业分工与技术专业化。以英国为例。19世纪末，美国、德国在电力、内燃机、电动机、汽车、飞机、电话、打字机等方面的产品、工艺及管理创新都要领先于英国。为什么英国失去了第二次工业革命的领导权？

这是很难回答的问题。第二次工业革命时期，英法德均未对基础科学有太多的投入，甚至英国在基础科学方面还有天然的优势。比如，当时英国有一个顶级物理学家叫詹姆斯·克拉克·麦克斯韦，他在1873年出版了《论电和磁》，这是牛顿《自然哲学的数学原理》后最伟大的物理学经典。我们知道，没有电磁学就没有现代电工学。但是，电力技术革命却由美国的企业与工程师发起。这是为什么？

问题出在自由市场方面。在维多利亚时代，英国拥有全球最大的自由市场，但是这个自由市场是由分散在全球各地的殖民地组成的，是暗含资源陷阱的劣质市场。作为宗主国，英国享受着殖民地廉价原料的便利，企业在技术革新和推广方面的动力不足。比如，第一辆实用蒸汽火车是英国人史蒂文森发明的，而铁路运输发展最快的却是美国与欧洲大陆。后者庞大有效的市场驱动了铁路产业分工精细化——技术革新与融资市场。

又如，早在19世纪50年代，英国就率先研制出了人工合成染料，但这一材料的应用推广却极为缓慢。德国人从英国人手上获得这一技术，在短短30年间便成为英国最大的染料进口国。更有意思的是，第一次世界大战期间，英国不得不从敌国德国进口染料来武装自己的军队。

英国则从殖民地获取廉价的染料原材料——焦炭，然后转手卖给德国，自己似乎沦为一个初级原料进出口国。英国就此丧失了第二次工业革命中关键的有机化学工业的领导权。

小国往往能够意识到市场狭小的弊端，但大国往往容易忽视本土大市场的劣质性。表面上，大国市场可以推动本土技术精细化分工，然而，有效需求不足的大市场其实是劣质的市场，是无法推动技术进步的市场。

改变的唯一方式是让大国的国家治理如小国一样具备诺斯效率。道格拉斯·诺斯在《西方世界的兴起》中指出："有效率的经济组织（制度）能够使个人的经济努力的私人收益率接近社会收益率。"这就是诺斯效率。简单理解就是，大国的决策者像小国的决策者一样能够敏锐地意识到，公共机构的利益与融入全球化的利益根本上、长期来说是一致的。但往往是大国内部市场完全无效率，国家垄断租金趋于零时，诺斯效率才会出现。

我们再看第二个问题。一个未完全开放的国家更倾向于投资应用技术。从经济学的角度来看，应用技术市场是有效率的市场，政府直接参与会破坏竞争的公平性，也会降低效率。但是，基础科学市场存在严重的外部性，是低效率的市场，政府投资可改善效率。全球化国家反对国家直接投资应用技术，以及对技术出口进行补贴。国家间经常因此爆发贸易冲突。

如何解决？

以日本为例。日本通产省在“二战”后（1946—1970年）大力实施产业政策，支持大型企业投资应用型技术。比如，复兴时期对钢铁工业的贷款，在造船工业夺得50%的世界市场以前对造船工业、海运业的补贴，为建立汽车等工业发展环境而对公路、港口等社会基础设施的投资，等等。

但是，从1995年开始，日本政府完全放弃了产业政策，转而大力投资基础科学。日本政府制定了科学技术基本计划，该计划实施了5期。内容包括培养1万个课题研究青年负责人，“未来50年获得30个诺贝尔奖”，吸引和培养国内外一流基础科学人才，培养具有独创性的优秀研究人才。日本政府对基础研究的投入每年保持20%左右的增长，与美国接近。日本大学对基础科学研究的投入占预算的50%以上。

为什么会有这种转变？

从逻辑上来说，日本的国家治理具备了诺斯效率。从20世纪60年代开始，日本产业政策恶化了国际贸易条件，美国对日本的汽车、彩电、半导体、电子发起了旷日持久的贸易战和技术封锁战。

日本政府继续投资应用技术是无效率的，甚至得不偿失。反过来，投资基础科学可以获得奥尔森效率。

1990年日本泡沫危机爆发，松下、夏普、东芝、索尼等大型企业遭遇重创。1997年又爆发亚洲金融危机，日本企业纷纷转型：一是放弃终端市场，往纵深领域如核能核电、机器人、半导体材料、光学等延伸；二是在千禧年后开启了第二次全球化。日本政府投资基础科学，具备奥尔森效率：有助于日本企业摆脱困境，同时在国际市场上最大限度地获得基础科学的外溢红利。数据显示，2001年，日本海外总资产相当于国内经济规模的75%；2011年，日本海外总资产是本土的1.8倍。这铸就了现在日本庞大的离岸经济。

日本表面上“失去了三十年”，但其转型其实是成功的。如今，日本成为一个基础科学发达的全球化国家。日本以平均每年一个诺贝尔奖的速度在发展，这些基础科学帮助日本企业建立起全球化的竞争优势。日本在全球半导体的竞争力应该归功于其突出的化学研究，尤其是材料学与光学。全球氟聚酰亚胺和光刻胶总产量的90%来自日本，全球半导体企业70%的氟化氢需从日本进口。

所以，开放型自由市场的问题和基础科学投资的问题，都依赖有效的国家治理，而不是国际治理。哈佛大学经济学家丹尼·罗德里克在2019年6月递交给世界银行华盛顿特区会议的一篇论文中提出一个令人深思的观点：“当今世界经济的大多数政策灾难是源于国家治理失败而非国际合作的缺乏。”最后，全球开放性市场和基础科学的效率之源，并不是更大的市场规模、更精细的技术分工以及更有效的国家治理，而是一个个有趣而自由的灵魂。

参考文献

[1] 阿林 · 杨格. 报酬递增与经济进步[J]. 贾根良,译. 经济社会体制比较,1996（2）.

[2] 马歇尔. 经济学原理[M]. 朱志泰,陈良璧,译. 北京：商务印书馆,2019.

[3] 庇古. 福利经济学[M]. 金镝,译. 北京：华夏出版社，2007.

[4] 曼瑟尔 · 奥尔森. 集体行动的逻辑[M]. 陈郁,郭宇峰,李崇新,译. 北京：生活 · 读书 · 新知三联书店,1995.

[5] 小宫隆太郎. 日本通商产业政策史[M]. 王红军,等译. 北京：中国青年出版社,1995.

[6] 道格拉斯 · 诺斯，罗伯特 · 托马斯. 西方世界的兴起[M]. 厉以平,蔡磊,译. 北京：华夏出版社，2009.

[7] 丹尼 · 罗德里克. 把全球治理放对地方[J]. 余江,译. 比较,2021（1）.

马尔萨斯陷阱 3.0

在战争、病菌与饥荒的侵扰下，人口增长呈现周期性波动。处于谷底之时，新技术革命的酝酿，得以解救人们走出马尔萨斯陷阱。

然而，技术革命的余晖落下，低增长再次笼罩着经济社会。兴盛与衰落，乃至其间漫长的焦虑，永远在周而复始。

现如今的全球，又何尝不是身处马尔萨斯陷阱的周期中？需透视困境，才能更好理解当代。

马尔萨斯陷阱3.0：秩序重构

自从2008年金融危机开始，这个世界就变了。

若将时间拉长百年，这场危机对历史的影响会超出当今世人的预计：2008年金融危机，彻底将世界推向近代第三次马尔萨斯陷阱。

200多年前，英国经济学家马尔萨斯提出，人口按几何级数增长，而粮食只能按算术级数增长，所以不可避免地要导致饥馑、战争和疾病。

这就是困扰人类千万年的马尔萨斯陷阱。

所幸的是，技术革命创造了大量的物质财富，人类逐渐摆脱了饥荒、疾病及生存威胁，马尔萨斯陷阱似乎渐行渐远。

但是，技术革命的“保鲜”周期顶多半个世纪。

每一次技术革命爆发，“破坏式”地推动边际递减曲线右移，将经济增长率拉到一个更高水平，经济繁荣。高收益率吸引资本大量进入，技术稳定之后，投资收益率逐渐递减，经济进入衰退期，进而不景气。

如此反复循环、周而复始。

从近代开始，人类一共爆发了三次典型意义的“工业革命”，分别是1760年爆发于英国的第一次工业革命，1860年爆发于西方世界的第二次工业革命，1970年（另一说法是“二战”之后）爆发于美国的新材料、生物技术及信息技术革命。

每一次工业革命间隔的时间大约是100年，重大技术红利维持时间为55年，经济维持在中高增长，然后持续递减，面临45年左右的低增长状态，直到下一次重大创新的到来。

每一次技术革命退潮，人类就滑入马尔萨斯陷阱。

第一次工业革命之后的19世纪30年代到60年代，是人类历史上工人运动、无政府主义运动最为疯狂之际。当时，法国里昂丝织工人两次起义（1831年、1834年）、英国宪章运动（1836—1848年）、德国西里西亚纺织工人起义（1844年）——欧洲三大工人运动爆发。1848年，马克思发表《共产党宣言》，欧洲大陆革命风暴达到高潮。

这是近代社会第一次滑入马尔萨斯陷阱。

1860年第二次工业革命爆发，经济再度持续繁荣，拯救了人类。但是，第二次工业革命之后的20世纪上半叶，人类滑入近代社会第二次马尔萨斯陷阱。

这是人类社会最为血腥残酷的时代。这个阶段爆发了第一次世界大战、第二次世界大战、十月革命、规模最大的经济危机以及大萧条。

人类陷入了历史上极端的零和博弈、存量争夺的丛林法则之中。

“二战”后，第三次技术革命以及全球化浪潮，给人类带来了前所未有的和平、繁荣与幸福。然而，这场技术革命红利被2008年金融危机彻底终结。人类正在步入近代社会以来的第三次马尔萨斯陷阱。

世界陷入持续低增长，超发货币，房价、股价等资产泡沫膨胀，贫富差距扩大；欧洲政治斗争激烈，传统政客失势，保守党崛起，民粹主义泛滥；美国退出各种国际组织，对众多国家发动贸易战，全球化全面退潮。

马尔萨斯陷阱从来都没有离开，只是表现形式不同而已。

马尔萨斯陷阱3.0时代，人类正在上演货币战、贸易战及秩序重构战。

01 货币战

货币超发，本质是财富存量争夺

弗里德曼说，直升机撒钱，国民财富也不会增加。

但现实是，直升机撒钱，捡到钱的人财富增加，没有捡到的财富缩水。

在古代，每当陷入马尔萨斯陷阱之时，统治者定然提高税收，搜刮钱财，争夺存量。

在现代社会，增加税收是一种不明智的做法，印钞则更加隐蔽而高效。谁越接近铸币权，谁就更有机会获得财富。

当现代社会陷入马尔萨斯陷阱时，超发货币成了零和博弈、存量斗争的主要手段。

货币超发，本质上是财富存量的争夺，而非增量的改进。

这些年，通货膨胀、房价高涨的事实，再次给人们上了一堂深刻的经济学课：货币长期中性，货币超发只会引发通胀或资产价格泡沫，不会带来财富增加和经济持续增长。

但是，为什么世界各国还不停地超发货币呢？

2016年开启的这轮紧缩周期，美国联邦基金利率加了250个点就加不动了，为什么？

美联储压力很大，美国各界乃至全球都不希望美联储继续紧缩。

特朗普说，再加息股市就要崩盘了，股市崩盘我还怎么连任。华尔街及广大股民也不希望继续加息。相反，很多投资者盼望美联储降息，股市、楼市再涨一波。全球实业债务负担沉重，正在苦苦支撑，希望宽松货币以解资金之困。

货币宽松是一剂集体毒药，却是个人的苦咖啡。

人人都知道货币超发不会带来财富增值，但是货币超发可以引发财富存量争夺。

每个人都宁愿被胀死，也不愿意被渴死；每个人都渴望在直升机撒钱时，自己可以分得一杯羹；每个人都知道资产泡沫总有一天会破灭，但是每个人都相信最后一个接盘侠不是自己。

如此，货币超发，自然不可避免。

复盘第三次技术革命，“二战”后的核能核电、航空航天、新材料等技术红利在20世纪90年代基本消失，欧洲国家逐渐进入低增长。

计算机及互联网革命成就了美国，但进入21世纪，美国经济增长日渐乏力。

回顾最近50年，整个世界逐步进入第三次技术革命后的低增长期：

阿根廷、墨西哥等拉美国家被1982年债务危机拖入“中等收入陷阱”后，至今无法自拔。

日本的“二战”后增长奇迹1990年被终结，此后陷入将近30年的低增长。

英国、德国乃至欧洲大陆，在20世纪90年代逐渐步入低增长陷阱。

韩国、中国台湾、中国香港、新加坡“亚洲四小龙”以及泰国、马来西亚、菲律宾、印度尼西亚“亚洲四小虎”，经济增长势头被1997年亚洲金融危机阻断，此后经济增长难现旧日辉煌且并不稳定。

过去，“金砖国家”享受了资源红利、人口红利以及全球技术外溢红利，经济增长迅速。如今，印度增长依然强劲，中国正在“换挡降速”，巴西、俄罗斯、南非早已掉队。

此时，世界进入马尔萨斯陷阱3.0，生存逻辑是：技术停滞，经济衰退，零和博弈，争夺存量。

几乎所有的国家，都通过货币超发来争夺存量。

欧洲通过大肆借贷维持高福利——低收入者、民粹主义者“坐享其成”。

日本在20世纪80年代中后期以低利率推动房产价格上涨——金融机构、房地产及金融投资者、投机者争夺财富。

美国小布什政府时期，美联储调低利率，放宽信贷条件，中产阶级大量购房，房地产次贷膨胀，金融过度繁荣——联邦政府、华尔街金融机构、大型企业、购房者、投机者争夺财富。

拉美国家及新兴国家大举外债，放宽信贷，大搞基础设施建设——政府、国企、大型私人企业、金融机构争夺财富。

2008年这场金融危机，撕开了货币超发、金融泡沫这一“皇帝的新装”，彻底将人类推入第三次马尔萨斯陷阱。

此后，货币超发更加凶猛，存量争夺更加赤裸，吃相更加难看。

2009年这轮量化宽松，是全球主要央行的集体决策，是全人类一次肆无忌惮的存量争夺。

从国际来看，越接近美元中心，越能够得利。

美国联邦政府大发国债，低价吸收日本、中国及他国美元；美股在危机后持续十年大牛市，美国、英国、澳大利亚、中国香港房地产陆续大涨，纽约、伦敦、法兰克福、东京、香港等全球金融中心赚得盆满钵满。

2016年美联储进入加息周期，新兴国家压力大增，俄罗斯、阿根廷、土耳其爆发货币危机，全球资本逐渐流入美国。美国借此走出金融危机以来的低增长，经济复苏强劲，且“一枝独秀”。

从本土来看，货币潮水的分布也是高高低低、极为不均的。

在货币盛世之下，国企、银行、金融、房地产及货币贸易者得利，普通中产、打工者、小企业及软件、设计、翻译等知识工作者的财富却在缩水。

2008年之前，百业兴旺，各行各业都赚钱。这是做大蛋糕的增量创造时代。

2008年之后，房地产百尺竿头更进一步，其他行业为其作嫁衣。这是瓜分蛋糕的存量争夺时代。

当货币紧缩时，与新兴国家类似，倒霉的还是小企业、私人企业。

在低增长时代，世界各国央行难以顶住各方压力，无法坚持施政原则，难以坚守货币纪律。如此，“最后贷款人”的制度设计，被异化为各利益阶层争夺存量财富的工具。

其结果是，铸币权力中心洗劫边缘阶层的财富，贫富差距逐渐扩大。

英国、意大利、法国、德国、美国等保守党崛起，传统政客失势，民粹主义泛滥，试图阻碍征税权，影响、控制或夺取铸币权，以维持高福利生活。

“中本聪”及数字货币拥趸们试图以新技术夺权，构建无国界之数字货币及金融体系。这一尝试富有进步意义，但始终被传统势力压制，被投机者玩弄。

不管是传统政客、金融巨头、民粹主义者、技术极客、普通民众，都不是“保罗·沃尔克式”的英雄人物，都难以坚守客观原则与理性精神，都无法克制人性的贪婪以及无尽的掠夺欲望。

马尔萨斯陷阱3.0时代，人类在一个理性预期的巨大泡沫中，“隐蔽”地争夺财富存量，玩着击鼓传花的游戏。

02 贸易战

贸易保护，失速叠加失衡下的选项

全球经济失速，全球化定然“翻车”。

人类每次掉入马尔萨斯陷阱，贸易保护主义必然抬头，甚至大打贸易战。

20世纪初，近代社会开始陷入第二次马尔萨斯陷阱，倡导自由主义的英国对美发动贸易战，联合英联邦构成零关税贸易联盟围剿美国。

大萧条期间，罗斯福总统率先宣布美元与黄金脱钩，降低利率，提高关税，挑起贸易战。

2008年后，西方世界彻底进入低增长区，特朗普再次主动挑起贸易战，与世界多国同时开战，重点打击最大的发展中国家。

这轮贸易摩擦，表面上是贸易逆差、制造业、蓝领工人工作问题，本质上是金融问题。

货币超发的赢家不一定永远是赢家，但输家永远是输家。

通过几轮货币超发，美国的经济结构失衡严重，金融隐患重重。

持续货币超发，导致投资边际收益率递减，债务规模大增，美联储已经无法继续加息，若货币政策转向宽松，那么美债、美股则更加膨胀，杠杆率将持续增加。未来美联储的加息永远面临着刺破经济泡沫、引发资产价格崩盘，甚至是债务危机、金融危机的风险。

所以，货币超发与贸易摩擦是深刻关联的。

从美国国内来说，2008年美国陷入马尔萨斯陷阱时，建制派、华尔街金融机构利用经济手段，借助美联储的铸币权，超发货币来争夺生存空间。

这一行为进一步激化了国内矛盾，直接导致建制派失势。美国选民，主要是中低收入者，选举特朗普上台，利用政治手段大打贸易战，争夺生存空间。

贸易战是美国国内矛盾激化的结果，也是利益平衡的主要选项。

从国际上来看，2008年之后的量化宽松以及2016年开始的紧缩政策，美国都最大限度地获取了“美元红利”。但是，过度发行美元导致美国债务风险巨大。

在货币超发的游戏中，得利益者未必笑到最后，可能崩于泰山之巅。

所以，特朗普政府必须在下一轮紧缩之前，尽量化解美国国债风险。

化解的办法是什么呢?

特朗普的花钱速度比奥巴马还快，可见他并不打算压缩债务规模来降低美债风险。特朗普的做法是调整债务结构，推动美债本土化。

美国现代货币理论推崇日本的债务模式，即国内市场融资，而非国际市场，如此可大大降低债务风险。如今，日本、中国手握大量美债，美国对此感到不安。

改变这一局面的简单办法是，扭转贸易逆差，推动国际收支平衡。深层次的办法则是，修正经济结构失衡，增强本土出口制造业，促使美元以“外汇”的方式回流，改变过去的借债回流方式。

美国总统任期不过四年，特朗普试图短期内改变这一局面，直接向中国出手，要求中国拿出美元购买大量美国商品。这一表面“成就”可给美国选民一个交代，为连任铺路。

国际收支平衡只是短期的第一步。接下来，特朗普试图全面改变“里根大循环”造成的经济结构失衡的局面。

除了针对中国，特朗普还与加拿大、墨西哥、印度、日本、欧洲等有不同程度的贸易摩擦，涉及范围包括出口、科技、汇率、金融及规则修订，试图让美国的制造业及科技企业振兴，扭转金融繁荣、制造业衰落的失衡问题。

所以，这轮贸易摩擦是全球经济失速叠加失衡之下的利益冲突。

特朗普政府打着美国优先的旗号，试图改善本国经济结构，化解美债风险。在本质上，这是存量斗争，而非制造增量。

西方世界保守党崛起，英国梅姨卸任，约翰逊出任下一届首相，预计他将推动英国“硬脱欧”，大打“英国优先”旗号。

一旦经济失速，贸易保护主义抬头，民选政府大多会采取保护本国利益的短期甚至极端政策。

贸易摩擦是马尔萨斯陷阱3.0在国际问题上最为突出的表现。

在此之前，战争、冷战、军备竞赛是国际冲突的重要表现形式。而在全球化的今天，各国经济利益复杂交织，战争的成本大幅度上升，贸易摩擦逐渐取代了战争。

经贸是当今世界各国关系最为重要的压舱石。若贸易摩擦持续升温，断送和谈机会，那么国家关系则可能会滑入更加危险的马尔萨斯“形态”。

从贸易战到汇率战、科技战，再到全面金融战、经济封锁，现代社会的一场经济战，其破坏性可能不亚于一场战争。

所以，总结起来，这一轮全球贸易摩擦与2008年金融危机及之后的宽松政策直接相关。

这场金融危机彻底将西方世界打入低增长区。这是失速的问题。

全球主要央行以宽松货币政策救市，导致国内累积大量矛盾，陷入存量争夺，吃相极为难看。这是失衡的问题。

美国人占领华尔街，欧洲人搞“黄背心”运动，英国人执意要脱欧。这些都是失速叠加失衡造成的冲突。

国内的冲突促使西方保守党上台。保守党执政虽然同样无法解决货币宽松问题，但试图将矛盾转移到他国，以实现执政承诺。如此，贸易摩擦自然不可避免。

是贸易摩擦演变为全面经济战，还是构建新秩序、维持稳定局面，取决于美国与中国的博弈，也取决于美国与欧洲、日本之间的最大公约数。

一个国家能够建立一套制度，凝聚各阶层的力量，以及国际社会能够建立新秩序，汇聚各国的力量，避免存量争夺，发力于科技，是走出马尔萨斯陷阱3.0的关键。

03 秩序战

秩序重构，在博弈中探寻出路

争夺游戏规则制定权，是马尔萨斯陷阱3.0时代的高阶斗争。没有什么比标准、规则、秩序更能够压倒对手的。

求诸秩序重构，而非战争，是人类共同协作的文明表现。

但是，并非所有的新秩序都是有益的。

“一战”之后，巴黎和会上，法国、美国试图严惩战败国德国，英国谈判代表凯恩斯则极力反对，并愤然辞去代表职务。

不久后，他发表了《和平的经济后果》一文，预言巴黎和会上对德国的制裁定会激起日耳曼人的民族情绪以及工人运动。

后来，德国纳粹主义登台，发动第二次世界大战，印证了凯恩斯当年的远见。

实际上，对于第二次世界大战的爆发，“巴黎和会”负有不可推卸的责任。“一战”后欧洲不合理的“新秩序”激化了德国的民族主义情绪，酿成了不可挽回的后果。

特朗普上台后，美国政府打破了一个“旧世界”，试图重构国际秩序。特朗普在国际上退了不少“群”，要求世界贸易组织修订规则，试图联合墨西哥、加拿大、日本、拉美及欧洲国家，构建

“零关税、零壁垒、零补贴”的新秩序。

若特朗普连任，国际贸易秩序重构将成为其第二任期的重点。短短三年，我们认识了一个具有破坏性的特朗普，下一个四年，不知他能否转变成为具有建设性的特朗普。

美国白宫发布了《改革世界贸易组织发展中国家地位备忘录》，指出近2/3的世贸组织成员将自己定义为发展中国家或地区，并以此获得特殊待遇及不公平的优势。

其中，世界上最富有的10个经济体中有7个，包括文莱、科威特、卡塔尔、新加坡和阿拉伯联合酋长国等，都声称拥有发展中国家地位。另外，墨西哥、韩国、土耳其也声称拥有发展中国家地位。

不管是要求世界贸易组织修改规则，还是构建“三零”贸易区，美国重构全球贸易秩序的目的都是促进本国经济发展，优化本国经济结构。

每一个人都是按照自我利益原则行事，任何国家政策、任何国家行为，都是以本国利益最大化为出发点的。

这里的关键是，特朗普推行的新秩序可以在多大程度上获得他国的共识，是否能够建立一个更低交易费用的贸易秩序。

目前，新加坡政府已做出回应称，新加坡并未从发展中国家地位中获利，将继续支持世界贸易组织的改革。

巴西则公开宣布放弃发展中国家地位。

欧洲、日本都在推动世界贸易组织修改规则。最终能否形成新规则，美国能否如愿构建“三零”新秩序，目前尚不清楚。

作为世界上最大的发展中国家，中国无法回避规则修订问题。预计未来的谈判中，规则问题将会是一个核心问题。

多轮谈判的好处是，中国能更加了解国际规则以及秩序重构的动向。新秩序的建立，定然是一个复杂的国际博弈过程。每一个国家都想方设法在其中扮演某种角色，尽量影响、参与制度建设，争取最大利益。

秩序重构是马尔萨斯陷阱3.0时代的高阶争夺战，但也是走出马尔萨斯陷阱3.0的重要力量。

在新技术尚未突破之前，人类若能够建立一种秩序维持和平、协商、协作的局面，实属人类文明的伟大进步。

当经济陷入低增长时，欧洲各阶层的势力争夺比较明显，英国与欧洲大陆的分歧严重；美国的机制自愈能力强，充分利用了“美元霸权”的优势。

在经济长期萧条时，日本居然能够维持将近30年的社会稳定，政府及企业大力投入科技创新以寻求突破，年轻人保持高强度工作，这一点远胜欧洲国家。

从世界范围来看，在低增长时期，如何建立一套和平稳定的、相互协作的国际秩序，是避免人类进一步滑入马尔萨斯陷阱的关键。

目前中国正进一步开放金融市场，以更加开放的态度及行动面对国际竞争。但是，由于金融市场的开放，中国国有金融企业将面临股权风险、市场控制权风险以及金融外溢性风险。

中国可以借助市场开放与国际规则调整之际，推行国企“黄金股”，推动混合所有制2.0改革，主动迎接国际秩序及国际挑战。

从经济学角度看，如何避免人类在技术革命之后的低增长期间陷入马尔萨斯陷阱？如何避免人类无序争夺存量，恶意破坏市场及规则，利用丛林法则大搞贸易战、金融战打击弱国？如何避免货币超发洗劫小企业、中产阶级及低收入者的财富？

亚当·斯密发现了市场的力量，经济增长依靠市场机制的发挥。

凯恩斯则发现了政府的力量，在危难之际，政府接管市场，刺激有效需求，避免经济崩盘。

当经济逐渐衰退，步入低增长时，依靠什么力量呢？

过去的做法是，经济一旦衰退，政府或央行就出手，实施宽松的货币政策和财政政策防止经济下滑。其实，这违背了凯恩斯的初衷。凯恩斯强调，其政策的实施环境为萧条周期，且为短期。

当经济衰退时，应该借助制度的力量。

20世纪70年代之后，布坎南、哈耶克、阿罗、道格拉斯等一批经济学家意识到，必须通过法治、宪政、制度来约束市场私权与政府公权扩张。

当前两项制度尤为关键，一是国际贸易规则；二是货币及财政政策的决策制度。

这两项制度难题都产生于美国：

特朗普政府破坏了旧的贸易规则，能否建立一个交易费用更低的规则？

美联储决策能否保持绝对独立性和客观性，避免受到白宫、金融界、实业界乃至任何组织及个人的压力？

美联储的决策应该诉诸学术研究的客观性、真实性，而非考虑现实的压力。当下若美联储应该加息，则不能因忌惮股市崩盘而放弃，甚至转入降息周期。

当年，保罗·沃尔克执掌美联储，全美国乃至整个西方世界都反对其实施极端紧缩措施。但是，沃尔克依然“与世界为敌”，坚持紧缩到底，最终降服了通胀妖魔。

沃尔克是一个英雄式的人物。可惜，这个时代没有英雄，鲍威尔不是一个沃尔克式的英雄。

如今，全球央行都眼巴巴地看着鲍威尔的动向。

美联储的决策决定了世界各国央行的政策，乃至全球经济的走向。美联储的权力如此之大、责任如此之重，什么样的制度才能保持其独立性？什么样的制度才能避免美联储借美元行使霸权？

熊彼特认为，每一次技术革新的结果便是可预期的下一次萧条；每一次经济陷入衰退，又意味着新的技术创新正在酝酿，经济的复苏及繁荣即将到来。下一次技术浪潮又会将边际曲线右移，推动人类经济迈向新的高度。

但是，如果下一次技术浪潮迟迟未到来，我们这一代人或许就是不幸的，一生都可能陷入货币泛滥、贸易摩擦、存量争夺的马尔萨斯陷阱3.0之中。

加强制度建设，凝聚人心，保持定力，发力科技，才有未来。

参考文献

[1] 米尔顿 · 弗里德曼.最优货币量[M].杜丽群,译.北京：华夏出版社,2012.

[2] 约翰 · 梅纳德 · 凯恩斯.和约的经济后果[M].张军,贾晓屹,译.北京：华夏出版社,2008.

[3] 约瑟夫 · 熊彼特.经济发展理论[M].何畏,等译,北京：商务印书馆,2000.

马尔萨斯陷阱3.0：危险边缘

世界正滑入零和博弈、存量厮杀的危险边缘。

自2008年金融危机以来，全球经济秩序崩溃，美联储及世界主要国家央行大规模救市，导致债务及资产泡沫，同时贫富差距越来越大。经济秩序崩溃引发传统政治势力倒台，一些国家出现特朗普式的政治新人。他们对内部建制派及既得利益者发起挑战，同时这一斗争也外溢到国际关系上，引发国家冲突。新冠肺炎疫情加剧了国家冲突和逆全球化，俄乌冲突又引发了冷战以来最大的国际地缘政治危机，世界正在滑向危险的马尔萨斯陷阱。

本部分将视野从之前的美国、中美放大到全球，聚焦于全球化经济及东亚局势的演变，观察新形势之下国与国之间、经济主体之间正陷入怎样的零和博弈、存量厮杀之中。

01 经济存量争夺

货币超发之罪，泡沫崩溃之罚

世人深知，货币超发犹如饮鸩止渴。然而，世界已进入理性预期的泡沫时代。

这种侥幸心理，被包装成为货币超发、财富掠夺最堂而皇之的理由——救市。

张五常在科斯悼词中一针见血地指出："是凯恩斯影响了政府大手花钱吗？还是政府要大手花钱才捧出凯恩斯？"①

事实上，谁越接近铸币权，谁就更有机会获得更多财富。

房地产、金融、基建，靠近水源地；软件、设计、知识服务，远离水源地。超发的货币是富人的甜甜圈、中产阶级的苦咖啡、穷人的鱼骨头。

货币超发加剧了贫富差距、经济结构及社会失衡。

大疫之年，美联储终结了一轮加息周期，鲍威尔小心翼翼地以"格林斯潘式"的口吻宣布"鹰派"降息。

然而，鲍威尔东施效颦般的笨拙表演被市场一眼看透：美联储担心资产泡沫崩溃及经济衰退而左右为难。

美股立即大跌，美债倒挂警示，全球资产泡沫风声鹤唳……

实际上，全球央行早已开始放水周期，韩国、印度尼西亚、乌克兰、南非、新西兰、澳大利亚、印度等几十个国家早已开启降息阀门。

---

① 2013年9月10日，张五常为恩师、挚友罗纳德·科斯作悼文《悼科斯》。

可是，美联储不开启新一轮降息，这些国家还不敢肆无忌惮地放水，主要是考虑到本币贬值、汇率波动的风险。各国希望美联储不断降息。没想到，鲍威尔反向加息。

伯南克曾经评价美联储的工作："在艰难的环境之中，清晰明确的沟通比决策的灵活性还要重要。"

这一次，美联储不敢随意超发货币，搞存量断杀，因为担心再搞一次断杀会引爆资产泡沫。

这是前任美联储主席伯南克给他挖的坑。

1929 年、2008 年两次历史级的金融危机爆发，都是技术周期进入底部，技术革命红利消失，世界陷入宽货币、宽信贷的存量争夺，而后引发的资产价格崩盘的结果。

这就是货币超发之罪、泡沫崩溃之罚。

更为可怕的是，这两次危机之后，世人并未警醒，反而以"救市"之大名大义，进行更加恶劣的存量争夺。

大萧条时期，小罗斯福总统上台，美元与黄金脱钩，大肆借钱搞投资刺激经济，单方面让美元贬值，高筑贸易保护围墙，冲击国际金融市场。

后来，全球掀起一轮极端的贸易保护主义，纳粹主义上台，各国开启存量断杀，最终酿成第二次世界大战。

这是一种典型的马尔萨斯式的存量绞杀。

2008 年金融危机爆发，这一次倒是全球联合行动救市，美联储主席伯南克搞量化宽松，带头掀起了货币海啸。

这是一次人类历史上规模最大的公开的存量财富掠夺。

每一次货币大潮，拯救和保护的总是护城河以内的达官显贵，冲垮的总是前门之外的贩夫走卒。每一次货币退潮，遭殃的还是前门之外的贩夫走卒，因为城内有护城河保护。

2015年12月到2019年7月，这轮加息周期不长不短，但加息力度非常有限，只加了250个基点。根本原因是受边际投资收益率递减规律支配。

货币超发越多，投资收益率越低，负债率越高，债务规模越大，经济结构失衡越严重；若加息，容易拉爆债务市场和资产泡沫，因此加息空间不大。

反过来，加息不够，手中无米，美联储若不继续加息，只能在2.25%的利率空间里倒腾，换言之，只有250个基点的降息空间。

实际上，从格林斯潘开始，每一次货币超发，美国经济结构性失衡就更严重一点，降息空间越来越小，货币政策愈加被动，直至政策失灵、手段失效。

美联储如此，全球央行也几乎都如此。

加息，实体经济举步维艰，金融泡沫风险加剧；降息，经济杠杆率继续攀升，金融泡沫加速膨胀。

美国市场如此，全球市场也几乎都如此。

如今一些国家的利率政策基本失效，稍微加息或降息，市场要不就资金链断裂，要不就大水漫灌。金融资产价格与负债率奇高无比，实体经济却增长乏力。

2019年，美联储“鹰派”降息后，沃尔克、格林斯潘、伯南克、耶伦四位美联储前主席发表联名信，呼吁保持美联储独立性，确保货币政策决策不受短期政治压力影响。他们认为，货币政策如果向政治诉求低头，会导致糟糕的经济表现，包括通胀更高、增长更慢。

这一次，美联储试图发挥平衡之术，力保美股美债不崩盘，兜住经济不衰退。

但是，未来美联储最大的挑战是预期管理。

美联储的谨慎政策容易引发投资预期混乱，甚至向市场释放了一个巨大的利空信号：美联储对金融市场稳定诚惶诚恐，金融泡沫危在旦夕。如此，很可能导致资产价格崩盘。

美联储已经被逼到墙角，鲍威尔手上的子弹不多了。

若未来资产价格再次崩盘，又将进一步把世界推向马尔萨斯陷阱3.0的深渊。

每次金融危机，都是一次存量恶性争夺，都是洗劫中产阶级和穷人财富的过程。房产，是富人的财富、中产阶级的债务。富人可以做资产配置对冲风险，而中产阶级财富多压在房产上。金融危机爆发，中产阶级的财富大幅度缩水；每次金融危机后，富人的财富反而增加。

伯南克卸任后为自己写了本辩词叫《行动的勇气》，他说："在所有的危机当中，都会有两类人：敢于行动者和惧怕行动者。……我们行动了。"

他认为，他的救市行动符合美联储作为最后贷款人的职责，符合白芝浩当年定下的原则[①]。

但其实，这个世界需要的或许不是救市的勇气，而是不救市的勇气；不仅需要白芝浩原则，更需要沃尔克法则。

救市，表面上是救民于水火，事实上是公然上演最恶劣的财富

---

① 白芝浩在其名著《伦巴第街》中提出了一个原则：在金融危机时，银行应当慷慨放贷，但只放给经营稳健、拥有优质抵押品的公司，而且要以足够高的、能吓走非急用钱者的利率来放贷。央行充当"最后贷款人"的概念也是他提出的。

存量掠夺。

资产价格泡沫崩盘，是对这一马尔萨斯行为最严厉的惩罚。但这一惩罚又会促成救市行动，掀起更加狂暴的存量掠夺。

这似乎是一个死循环。

02 地缘政治角逐

东亚局势之诡，大国小国之道

中美两个大国产生贸易摩擦，东亚局势瞬间风云变幻、波诡云谲。

过去，美日韩是“铁三角”，中朝是“铁哥们儿”。朝韩对立，中美博弈，日方得利。

如今，中美贸易摩擦持续，日本却与中国重启战略对话，日韩两国居然也起了贸易争端，美朝却在三八线“大秀恩爱”。

东亚局势，让人脑洞大开。

在中美博弈之下，小国努力抓住机会搅浑时局，试图左右逢源、两边得利，尽显“小国生存之道”；大国则跃跃欲试，试图利用中美角逐之机拓展在东亚的生存空间。

自甲午战争以来，东亚长期深陷马尔萨斯陷阱。朝鲜半岛一度成为马尔萨斯式绞杀的最前线。

但这一轮变局，主要源自2008年金融危机。

这场危机之后，欧美世界普遍陷入低增长区，美国国内对华情绪及对华战略正在发生微妙的变化。

中美贸易摩擦愈演愈烈后，东亚局势迅速逆转，对朝鲜半岛的关注度火速升温。

最先打破平衡的是金正恩。

中美贸易摩擦相互制裁后不久，朝鲜快速调整外交策略，开始主动与美国接触。深谙大国夹缝中生存之道的新加坡率先捕捉到了机会，做东撮合了首次“金特会”。接着，越南促成了第二次“金特会”。

越南正在学习新加坡的“小国生存之道”。一方面，越南快速融入国际市场，与美国开展贸易。另一方面，越南与中国交好，试图成为中美贸易的“地下通道”；同时还挖中国墙脚，将三星等制造工厂转移到越南本土。

之前，中国一些产品绕道越南出口美国，避开有贸易争端的区域，结果被美国封住；如今，中国从美国进口猪肉及农产品，也是绕道越南。越南的生存空间获得较大改善。

越南之后，韩国文在寅紧接着撮合了第三次“金特会”。这一次，特朗普访问日本后，飞赴韩国，与金正恩在三八线——朝韩边境非军事区高调“示爱”。

美朝关系从势不两立到“大秀恩爱”，东亚局势正在逆转。

同样深谙小国生存之道的韩国，早在1992年中韩建交开始，就利用中美关系在两头都吃得盆满钵满。

只是韩国在中美博弈之际忽略了日本的实力。日本这次“扮猪吃老虎”，出手打击韩国半导体，在东亚的存在感立即飙升，令人恍然大悟：

日本没有消失。

打压韩国的同时，日本迅速与中国启动了暂停多年的战略对话。在最近特殊的日子里，中日表现出同样的默契。

这是什么情况？

这就好比电视剧《破冰行动》中“良叔”抄了“东叔”在法国的销售网络，逼着东叔跟他合作。

其实，这时中国也需要日本。

中美贸易摩擦陷入僵局，日本或许是一个不错的缓冲带。

从美国的角度来看，美国也乐意：一方面，日本敲打了韩国；另一方面，美国能够掌控日本，可以增加与中国博弈的灵活性。30年没有秀肌肉的日本，这会儿一鸣惊人，它的野心绝不是像韩国、朝鲜、越南一样两边得利，试图成为中美之间在东亚的第三极。

当我们还没搞清楚日韩局势时，印巴冲突又快速升级。这是一个麻团，美国、俄罗斯、印度、中国、巴基斯坦、沙特阿拉伯都牵扯其中。

中美两国贸易摩擦打破东亚平静以后，东亚的利益角逐迅速升级，立即成为国际地缘政治的焦点。

东亚，正在成为马尔萨斯陷阱3.0的中心。

如今的东亚，大国角逐、小国扰动，尽显大国博弈之局、小国生存之道。

如此，必须远交近攻、纵横捭阖，才能因势利导、腾挪乾坤。

韩国在这轮博弈中处于被动，很可能成为首个输家。

韩国经济对外依存度达70%，中美贸易摩擦对其冲击巨大。中美贸易起争端后，韩国经济增速下滑到2.7%，创近6年新低。2019年5月，韩国的半导体出口同比减少30%，显示器减少21.5%，手机减少33.9%。韩国经济的顶梁柱三星集团的业绩下滑严重，其中三星电子第二季度营业利润只有6.5万亿韩元，同比大减56.3%。

"金丝雀"拉响警报！

日韩贸易争端对韩国的打击可以用"致命"来形容。日本这些年低调地研发上游产业核心技术，所有人都认为韩国是全球半导体的王者。当日本对韩国"禁运制裁"断供含氟聚酰亚胺、光刻胶及氟化氢时，人们才意识到，日本在上游积蓄的力量是多么惊人。

日本占全球氟聚酰亚胺和光刻胶总产量的90%，全球半导体企业70%的氟化氢需从日本进口。日本几乎是韩国半导体公司的唯一核心原料来源国。禁运制裁后，三星、LG、SK库存立即告急，韩国的OLED、存储芯片、CIS芯片、DRAM几乎都无法生产。

日韩贸易冲突的底线是美日韩三方安全关系。换言之，美国画了一个圈让两个"小弟"折腾，自己掌控着日韩贸易冲突的边界。

印巴冲突是一个不确定性因素。俄乌冲突才是马尔萨斯陷阱3.0中地缘政治军事冲突的代表作。这场战争还引发了人们对东亚地缘政治的担忧。不过，东亚局势转圜的关键依然是中美。

围绕中美贸易摩擦启动了多轮谈判，这是一场持续战。如今，两国赛道从低速的贸易战、科技战，转向高速的汇率战、金融战。输赢的关键不在贸易战、金融战，而在资产泡沫危机。

中美两国就像两个强大的骑士对决，在这场"特洛伊战争"中，看谁先射中对方的阿喀琉斯之踵——中国的房地产、美国的股票与国债。

未来，美联储的货币政策定然谨慎微妙，美方踩着美股美债泡沫，中方踩着房地产疑云，双方腾云驾雾，汇率出鞘，金融狙击，但都担心脚下的泡沫在货币混乱的脉冲中崩溃，坠入万丈深渊。

03 马尔萨斯破局

科学技术之剑、制度建设之盾

"树不会长到天上去"，人类社会的演进并非平滑的、线性的，而是"创造性破坏"的：

人类经济在技术涨潮时递增（边际曲线右移），在技术退潮时递减（边际曲线向右下倾斜）。

熊彼特认为，每一次技术革新的结果便是可预期的下一次萧条；每一次经济陷入衰退，又意味着新的技术创新正在酝酿，经济的复苏及繁荣即将到来。

其中的经济学原理就是边际报酬递减规律。

每一次工业革命间隔的时间大约是100年，重大技术红利维持时间为55年，经济维持在中高速增长，然后持续递减，面临45年左右的低增长状态。下一次技术浪潮，又会将边际曲线右移，推动人类经济迈向新的高度。但是，处在技术周期底部的那几十年是无比痛苦、煎熬的。

当人类行至技术周期底部时，容易滑入马尔萨斯陷阱之中：

技术红利消失，经济增长低迷，人类陷入存量厮杀，贸易保护主义、社会矛盾、经济危机、国家冲突甚至战争几乎不可避免。

糟糕的是，我们正处于第三次技术革命的衰退周期。

日本在1990年泡沫危机后经济增长低迷；欧洲在20世纪90年代逐渐步入低增长区；韩国在2000年后经济减速，如今进入低增长区。美国占据了信息技术革命的领导权，把美元作为世界货币的红利，经济增长维持到2007年次贷危机之前。

2008年金融危机爆发后，美国经济持续了10年左右的低增长。特朗普上台后，美国经济强劲复苏，但受全球经济不景气及高负债率的拖累，美国未来几年增长预期不容乐观。另外，1982年拉美债务危机终结了拉美增长奇迹；1997年亚洲金融危机终结了“亚洲四小龙”“亚洲四小虎”的增长奇迹；这些年，巴西、俄罗斯、南非三大“金砖”也逐渐褪色。

梳理历史，环顾世界，2008年金融危机彻底终结了第三次技术革命的高增长，也推动世界滑入马尔萨斯陷阱3.0。

中国经济正在换挡降速，但还是比较难感受到低增长的威胁，更难体会到所谓的技术周期底部。过去40年，中国享受着人口红利、法律红利、环境红利、货币红利以及全球技术外溢红利，经济快速发展。

这几十年，我们承接了欧美世界几百年积累的工业技术及信息技术。欧美的纺织、钢铁、机电、家电、汽车、电子、计算机等通用性技术、流水线，以及银行、股票、医疗、企业管理、基础科学等一系列知识及制度，通过产业梯度转移的方式被引入中国。

工业化之后是信息化，信息化之后是智能化，我们感受到的是新技术方兴未艾。

但在欧洲，这些国家半个世纪没有发生太大变化，汽车、火车、飞机、建筑、石油能源、机械制造基本上都是在吃工业时代的老本。

如今，信息技术红利消失，摩尔定律逐渐失效，人类正处于第三次技术革命的周期底部。在下一次技术突破之前，世界将进入“至暗时刻”。

前些年，德国推出“工业4.0”，美国推出“工业互联网”，但是工业智能化一直没有革命性突破。

新能源、基因技术、新材料、虚拟现实、无人驾驶等处于“叫好不叫座”的阶段，技术成熟度不够，没能大规模商用。

技术红利消失，美国及欧盟依靠印刷钞票维持高增长、高福利，结果次贷危机击穿了泡沫，引发了金融危机和债务危机。

自2008年金融危机爆发，人类滑入马尔萨斯陷阱3.0以来，欧洲民粹主义泛滥，极右翼势力崛起，意大利政党斗争激烈，法国“黄背心”运动声势浩大，德国总理默克尔失势，英国公投脱欧，俄罗斯国内骚乱……

美国特朗普上台后，秉承“美国优先”原则，在全球到处退群，打破原有的国际秩序，同时对中国发起贸易争端，与印度、墨西哥、日本、韩国以及欧洲都发生贸易摩擦。

2019年，左翼候选人费尔南德斯在总统大选初选中击败右翼马克里总统。这一消息演变为“黑天鹅”，重击阿根廷金融市场，上演了股汇债三杀的悲惨局面。这只曾经翱翔世界上空的“潘帕斯雄鹰”也跌入了马尔萨斯陷阱。

只有底层技术革命性突破，才能推动人类走出马尔萨斯陷阱3.0。

然而，技术突破是人类进步的最不确定因素。

一般有两种方式刺激技术进步：

一是零和博弈、相互厮杀倒逼技术创新。正如“二战”带来航空航天、核能、计算机等底层技术，但是战争带来的永远都是净损失，是人类最大的罪恶。

二是构建一个有利于技术进步的制度。

货币超发、资产泡沫、存量争夺，定然助长投机之风，而不是创新精神。所以，有利于技术进步的制度，必须控制货币发行量，构建独立的、科学的货币制度。

新兴国家的问题在于，央行及商业银行系统不够独立，财政赤字货币化融资规模大，负债率高，基建投资大，教育投资不足，贫富分化严重，极大地阻滞了技术创新。

发达国家的央行独立性强，但问题出在货币政策的目标上。欧美国家的央行以控制通胀率为主要（唯一）目标。

过去几十年，欧美世界通胀率都很低，但是货币发行量很大，大量货币进入房地产、债券及金融市场中，导致资产价格膨胀，债务规模高企。

除了货币制度外，构建稳定的金融制度和科学的政治制度，推动社会公平及教育进步，才能防止陷入马尔萨斯式的存量厮杀，避免社会动荡不安。

在泡沫危机后，日本经历了漫长而痛苦的转型升级，但这个国家没有出现欧洲式的动乱。

除了高储蓄之外，日本痛定思痛，下定决心推行两大改革，维持社会稳定，促进技术创新：

一是实施《科学技术基本计划》。

日本政府重点扶植基础科学及核心技术，实施了多期科学技术基本计划。在这一计划的支持下，日本企业逐渐放弃终端市场，向上游的核心技术转型升级。

如今，日本企业上游在商用领域的大型核电、新能源、氢燃料电池、电力电网、医疗技术、能源存储技术、生物科技、机器人研发及高精软等方面建立全球竞争优势。

日本没有消失，只是在低调地搞核心技术积累。

这一次，日本狙击韩国半导体，就彰显了日本在上游核心技术上的实力——垄断了含氟聚酰亚胺、光刻胶及氟化氢供给市场。

二是进行金融及经济制度改革。

1996—2010年日本进行了一系列的法律修订，其结果是《银行法》《证券法》《保险法》《保险业法》《信托法》《信托业法》等几乎所有法律都被修改。这被一些学者称为明治维新以来的第三次开国。

日本泡沫经济崩溃主要源于金融体系。这次改革首当其冲是金融制度，日本政府提出的是金融大爆炸改革。

日本大型金融机构山一证券和北海道拓殖银行破产，终结了"护送船团方式"（大而不能倒）。这标志着，日本"二战"后的旧金融体制崩溃，一个更加强化经营效率和风险监管的新制度诞生了。

制度创新本身也是广义技术创新的一部分。只有更科学公平的制度，才能防止人类在技术周期底部陷入存量绞杀、掉入马尔萨斯陷阱。

制度为盾、技术为剑，才能破马尔萨斯陷阱3.0之局。

参考文献

[1] 张五常.科斯定会名留中国青史[J].中国企业家,2013（18）.

[2] 本 · 伯南克.行动的勇气：金融危机及其余波回忆录[M].蒋宗强,译.北京：中信出版社,2016.

马尔萨斯陷阱3.0：破局之道

一次次如黑死病、西班牙大流感的传染病，一次次如伯罗奔尼撒战争、百年战争、“一战”“二战”的大规模战争，一次次如孟加拉大饥荒、印度大饥荒的大灾难，掳走了千千万万人的生命，将人类锁定在“囚徒困境”之中。

自牛顿、斯密、洛克以降，人类拾得科学之光、市场之器、制度之盾，总算冲破“千年停滞”之陷阱，乘上报酬递增之快车，跳出了马尔萨斯陷阱。

不过，每当技术革命步入尾声，技术扩散红利衰退，世界陷入低增长，人类便又会滑入马尔萨斯陷阱。

千禧年之后，第三次技术革命红利逐渐消失，纳米、基因、量子计算、人工智能、无人驾驶等“雷声大雨点小”，世界经济逐渐步入低增长阶段。

这场新冠肺炎疫情，刺破资本泡沫，引发全球恐慌，将世界彻底地推入马尔萨斯陷阱之中。

马尔萨斯陷阱从来都没有离开，只是表现形式不同而已，其本质是零和（负和）博弈、存量厮杀。

01
病毒大流行

如今，新冠肺炎疫情已“世界大流行”，远远超过2003年SARS扩散程度。SARS是一场来去无踪的传染疾病，至今亦无疫苗和特效药。

还有1918年的西班牙大流感，这场人类史上最致命的传染病，造成全世界10亿左右人感染，死亡人数超过5000万，而当时世界人口不过17亿。

再往前追溯，地理大发现后，欧洲人将天花带到美洲，导致90%的印第安人感染死亡。

当前全球化时代，高速流动的社会要素以及落后的全球化治理，将加大传染病的传播力度，并引发各种次生灾害，比如股灾、经济危机、国家冲突。

所以，传染病在这次马尔萨斯陷阱中扮演着一个特殊的推手角色。

新冠肺炎疫情以来，其所引发的一系列次生灾害将世界推进了马尔萨斯陷阱之中：

第一，新冠肺炎疫情刺破了自2008年金融危机以来累积的全球货币泡沫，加剧了实体经济衰退、企业倒闭及工人失业，再次将世界经济锁定在低增长区。

第二，美国政府启动“战时级别”的救市，美联储“无底线”地为市场提供资金，预计将增加负债率，加剧市场的脆弱性，导致贫富差距的扩大化，将美联储的独立性原则破坏殆尽，或在将来引发更大的危机。

第三，疫情按下全球化暂停键，各国“闭关锁国”，全球产业链硬脱钩，大批外贸订单被取消，重创原本正在退潮的全球化。

第四，部分国家争抢战略物资，暂停粮食及部分重要医药用品出口，甚至扣留防护物资。

第五，国家之间相互指责，意识形态冲突激烈，世界向左，刀口对外，争相甩锅，转移矛盾，公民权利与大政府主义、自由市场与干预主义、专业人士与权威主义正面交锋。

美国对外关系委员会主席理查德·哈斯认为，这场危机可能会使中美关系持续恶化和欧洲一体化程度减弱。

哈佛大学教授斯蒂芬·沃尔特说：“COVID-19将创造一个开放度、繁荣度和自由度更低的世界。”

印度前国家安全顾问也表达了类似的担忧：“我们将走向一个更加贫乏、吝啬和狭小的世界。”

大疫之下，我们看到一个愈加撕裂的世界。

世界为何会走到如此地步？

技术停滞与制度退化，是马尔萨斯陷阱出现的两大条件。

如今，底层技术革新进入低潮期，全球化市场加剧了疫情的传播，落后的全球化治理（制度因素）又在病毒防控面前一败涂地。这是我们今天所面临的挑战。

在中国，疫情防控的主体是大政府，其方式是战时管控、政府调配。中国的行动证明这种方式是有效的。

在高度市场化的国家，疫情防控的主体是大市场大社会高效政府，其方式是平衡防控，即控制病毒与社会经济运行同步，依赖领先的医疗技术、完善的公共卫生服务以及相对高素质的国民。

目前，日本、韩国、新加坡、德国采用这种方式获得一定的认可。

但是，总体来说，欧美国家在这次病毒防控中存在不少问题。其中最为关键的原因是，他们信任了全球化市场，但是忽视了全球化治理的落后。

在全球化时代，全球化治理本身具有一套病毒防控模式。全球化是疫情扩散的加速器，同时在防控病毒方面也具备它的一套逻辑：更发达的市场、更先进的医疗技术、更紧密的国际合作。

这叫“靠山吃山，靠水吃水”。

但是，由于全球化治理的落后与倒退，新冠肺炎疫情“世界大流行”后，全球化反而成为全球开放经济国家的重大威胁。

全球化是一个国家主权不断向外让渡的过程，包括让渡关税主权、货币主权、财政主权、司法主权等。全球化发展越深入，国家的力量越被削弱，政府权力越弱小。

全球开放经济体被迫回归到国家治理模式之中“挣扎”：他们担心“闭关锁国”重创高度国际化的市场经济，担心大政府主义埋葬全球化带来的自由主义。

但是，病毒是无情的、残酷的。

以意大利为例。

意大利是全球疫情的重灾区，确诊人数多，死亡率高。为什么？

一是前期政府效率不高；二是公共医疗资源不足。

意大利的医疗技术在全球领先，但是公共医疗建设滞后，检测试剂盒紧缺，很多患者未被检测、未被发现。同时，重症医疗资源不足，全国ICU床位只有5000张。相比之下，日本的千人病床数量排名世界第二。

若往前追溯，意大利的问题源于2008年金融危机触发的债务危机（欧债危机）。债务危机导致意大利民粹思潮泛滥，政治势力更迭，政府威信与效率受挫；同时，财政羸弱、债务如山，导致公共用品，包括公共卫生资源，供给不足、更新滞后。

为什么意大利会爆发债务危机，而德国却没有？

意大利的债务危机与欧盟的治理有很大关系。欧盟是当今全球化治理最先进的体系，但是内部依然矛盾重重，债务问题突出。

1999年，欧盟实行统一货币——欧元，当时意大利的财政并不满足加入欧元区的条件，但是它作为五大创始成员国“破例”入围。

此后，意大利糟糕的财政为欧元区埋下隐患。在统一的货币体系下生存，相当于与博尔特（德国）绑腿跑步，财政实力不足的意大利被甩到后面，弄得人仰马翻，债务日益高涨。

欧元区缺乏一个强有力的中央财政，以平衡弱经济体、弱财政国。这是欧盟治理模式中的重大缺陷。

在欧盟内部，商品、资本与人快速频繁流动，意大利沦陷后，新冠肺炎疫情迅速占领欧洲。

我们主要看德国。德国确诊人数规模巨大，但是死亡率极低。同在欧盟体系内，德国与意大利走向了两个极端。这是为什么？

在欧元区内，德国是欧盟的顶梁柱，经济实力强劲，财政状况较好，其财政政策与欧元区的货币政策契合度高。换言之，德国获得了较多欧洲一体化的红利。

所以，德国一直是欧元区的受益者，其政府信用较高、执行力强，医疗技术先进，公共卫生资源充足，尤其是应对疫情急需的检测试剂盒、重症监护病床和体外膜肺氧合（ECMO）。

平日，德国医院的重症监护病床达28000张，比欧洲的平均水平高出1/3。根据世界卫生组织2018年的数据，德国医院平均每千人有8张床位，意大利只有3.2张。

据世界银行的官网数据统计，德国平均每千人就有13.2名护士，美国的这一数字为8.6，意大利只有5.9。在本次疫情中，护士比例高的国家，死亡率都明显更低。

德国政府从德国精密医疗设备制造厂商德尔格沃克采购了10000台呼吸机，德国呼吸机总数达到了38000台。还有重症患者急救关键设备ECMO，目前世界三大ECMO技术掌握在意大利、瑞典、德国、英国及美国公司手上。德国具备这一产品的生产能力，同时拥有较大量的存货。中国尚无法国产，全国只有400多台，2020年3月就曾向德国紧急采购了16台ECMO。

当然，德国死亡率远低于意大利还有一个重要原因：德国新冠患者的平均年龄远低于意大利。

令人感到欣慰的是，德国作为欧盟“带头大哥”，援助了意大利和西班牙。德国将空客改装为“ICU”救援机，从意大利空运重症患者到“德意治”。

“疫情之下，欧洲必须团结起来。”

德国前联邦环境部长、联邦议员特里廷认为：“我们要知道，这不是一场德国危机，而是一场全球性危机。”

不过，全球范围内撕裂已不可避免。疫情之下，全球产业链硬脱钩，一些国家开始自建产业链，适应“闭关锁国”的日子。

“高筑墙，广积粮，缓称王”的口号，孕育着反全球化、保护主义、国家主义的不安思潮及对立情绪。

这次疫情是国家治理能力的一次大考，更是全球化治理的一次考验。“风月同天”，人类如何在一个“平的世界”里一起赚钱、一起生活，同时一起抗击病毒？

迄今为止，疫情全球化将全球化治理撕得支离破碎，国家主义完胜，大政府主义抬头。

病毒穿过千疮百孔的全球化治理，彻底地将世界推向了马尔萨斯陷阱。

02 央行计划性

国家治理以及全球化治理，是当今人类走出马尔萨斯陷阱的关键。

可惜的是，全球化治理一败涂地的同时，国家治理也节节败退。

新冠肺炎疫情刺破了累积十余年的全球货币泡沫，同时加速冲击实体经济。

美国政府启动“战时级别”的救市计划，资金高达2万亿美元。美联储提前进入大危机管理模式，将利率下调至零，无限量购买国债，绕过商业直接向企业、家庭、个人贷款，让人们购买公司债和ETF债券。

显然，美国政府及美联储将新冠肺炎疫情定义为一场社会危机或“灾害”，这次“无底线”救援超出“救市”范畴未尝不可。

但是，这次救援行动彻底恶化了美联储的独立性及治理模式——美元与美债“合体”，美联储与联邦政府“合谋”。

如今的世界，已经彻底进入了“央行计划经济时代”——一个理性预期的泡沫时代。

当经济下行时，央行开启宽松闸门；当经济过热时，央行开始紧缩。一旦发生大危机，央行实施“无底线”救市，将危机拖延、分散与转嫁。如此反复操作，世界似乎尽在央行之手。

但很可惜，这无疑是一种由权力傲慢与经济利益裹挟的“致命的自负”。

受资本边际收益率递减规律的支配，美联储在一次次“不对称操作”中进入零利率的死胡同，捉襟见肘、缴械投降。

在这次救援行动中，美联储突破了“最后的贷款人”的界限，使出十八般武艺，成为“最后的买家”。

这种“无底线”救市，表面上救民于水火，实际上是公然上演最恶劣的财富存量掠夺。

美联储与美国政府维持着一种低效的制度：低通胀、低利率、低增长、高泡沫、高杠杆。在这种制度下，低通胀安抚穷人，低利率激励富人，中产阶级则长期受害。

最大的受益者是美国政府、建制派及华尔街金融机构。

美联储被美国政府绑架，美国政府长期从美联储手上攫取货币发行权的垄断租金，借此大规模扩张国债，以满足民众福利之需，从而换取政治选票。

低利率刺激资产价格膨胀，美国金融机构及富人的财富大幅度增加。资产价格膨胀，抽离了实体资金，不利于实体制造企业及蓝领工人的收入增加。长期被低通胀迷惑的穷人，与富人之间的财富差距越来越大。

再看中产阶级。房产是富人的财富，却是中产阶级的真实债务。富人可以做资产配置对冲风险，而中产阶级财富多压在房产上动弹不得。

事实上，每一次金融危机、每一次救市、每一次货币超发，都是一次大规模的公开的存量财富掠夺，都加剧了贫富差距、经济结构及社会失衡。金融危机爆发，中产阶级的财富大幅度缩水；每次金融危机后，富人的财富反而增加。

美国的贫富差距从20世纪80年代开始持续扩大。这40多年是美国金融机构混业经营的时代、资产价格膨胀的时代，也是美国货币超发的时代。金融繁荣、资产价格膨胀、货币超发叠加救市行动，大幅度地加剧了贫富差距、经济失衡及社会分裂。

所以，这次马尔萨斯陷阱最为显著的特征便是，货币超发引发大规模的财富存量掠夺。

如今的贫富分化与20世纪的存在显著差异：穷人与失业者获得更多生活保障；中产阶级纳税重、负债高，真实财富受到挤压；高收入阶层受益于资产泡沫，财富规模暴增。

以本次救市为例，美国政府的救济金额高达2万亿美元。其中，向个人最多支付1200美元、夫妻2400美元、每个子女额外500美元；向小企业提供3500亿美元贷款，用于支付薪酬、工资和福利；建立一个5000亿美元的纳税人资金池，给企业提供贷款或贷款担保。

美联储购买国债给政府融资，购买抵押债券、ETF债券、企业债给金融市场输血，同时也直接向企业贷款。可以看出，美国政府试图保障低收入者和失业者，美联储则供养富人、金融机构。

这种做法不断地推动美国从橄榄型社会走向幂律型社会：

美国政府迎合民粹势力，靠举债提供大规模的社会福利，为最底层民众兜底；中产阶级被压缩，真实财富缩水，生活处境更加艰难；顶部的富人则受益于美联储持续宽松货币政策刺激下的金融资产价格膨胀。

“资产价格泡沫崩盘，是对这一马尔萨斯行为最严厉的惩罚。但这一惩罚又会促成救市行动，掀起更加狂暴的存量掠夺”，这已然得到验证。

若从制度变迁的角度来看，这是国家治理的倒退，简单概括是美债美元化、美联储政治化。

在20世纪六七十年代，经济学家米尔顿·弗里德曼将货币政策提到凯恩斯主义的财政政策的高度。弗里德曼担心货币政策将成为新的“利维坦”，建议将其关进笼子里，以立法的方式固定货币发行量。

显然弗里德曼的建议无法被采纳，但这头“利维坦”后来被施政者异化为比财政政策更加凶猛的干预工具、财富掠夺工具。

当今世界处于底层技术周期底部，叠加全球化治理倒退、国家治理倒退，世界又怎能不滑入马尔萨斯陷阱呢？

03
全球化治理

疫情期间，两大宏观主题备受关注：一是传染病改变历史；二是大危机、大萧条爆发的概率。

如今，新冠肺炎疫情“世界大流行”，叠加史诗级的股灾，还有被动的“闭关锁国”，很多人都在担忧：疫情过后这个世界会变成什么样子？

有人担心，世界将爆发类似20世纪30年代的大萧条及大动荡。

最近，桥水创始人达利欧多次强调，如今的世界与20世纪30年代非常相似，债务膨胀，央行无力回天，民粹主义崛起，国家及意识形态激烈冲突，世界秩序面临重塑。

那我们就来看看，如今的世界与20世纪30年代到底有多少相似之处。

从1929年到1939年，世界到底发生了什么？

1929年，人类史上最大规模的经济危机爆发，之后是持续多年的大萧条；大萧条引发社会危机，民粹势力崛起，大政府主义登台，美国罗斯福持新政入主白宫后，单方面宣布美元与黄金脱钩，提高关税，发起贸易战。

紧接着，欧洲各国纷纷效仿，以邻为壑，“高筑墙，广积粮”，全球化大退潮。在民粹主义和民族主义簇拥下，纳粹党上台，德国经济开始军事化，希特勒不是“缓称王”，而是要开始吞并欧洲。

希特勒先与英、法、意在慕尼黑会议上获得了苏台德，接着吞并了捷克斯洛伐克，然后与“北极熊”合谋，瓜分波兰。

东亚这边，日本军国主义迅速得势，日军对中国发动全面入侵战争。

1939年9月，第二次世界大战全面爆发。

20世纪30年代是人类近代社会一次极端的马尔萨斯陷阱（近代第二次）：爆发了人类史上最大规模的经济大危机、大萧条以及最残酷的世界大战。

这次马尔萨斯陷阱具备两个重要条件：

第一，技术周期底部。

通常，底层技术革命的周期为100年左右，技术红利期为50年左右。

进入20世纪后，第二次工业革命（19世纪60年代）的技术红利逐渐消失，世界经济增长动力衰退，存量财富争夺加剧，“一战”爆发。

“一战”后的20世纪20年代，美国经济异常繁荣，大量黄金、资本进入美国金融市场，制造了虚假的“柯立芝繁荣”。

这其实是滑入马尔萨斯陷阱前的“回光返照”：当实体经济投资收益率下滑，越来越多资本在金融市场中空转，推高经济杠杆率及金融资产价格。当股市突然崩盘，进而冲击最弱的实体经济时，大危机爆发。

严格来说，近代第二次马尔萨斯陷阱包括“一战”、大危机、大萧条与“二战”。时间跨度长达40年左右，均处于第二次技术革命周期底部、第三次技术革命的前夜。

第二，制度建设倒退。

当技术衰退、经济低迷、收入下降时，国家制度及国际秩序往往遭遇严峻的挑战。

比如，“一战”爆发时，欧洲打成了一锅粥，欧洲将国际黄金标准的管理权交给了隔岸观火的美国。国际黄金标准是当时的以金本位为基础的国际货币体系，美国的任务是负责在战争期间维持这一体系运行，避免黄金贬值。

当时刚刚成立一年的美联储接手后很快就破坏了这一国际规则。“一战”促使大量黄金流向美国，美联储打破了黄金标准，大幅度抬高美元，让黄金快速贬值，试图以美元取而代之。黄金标准被打破，导致黄金的神圣地位被动摇，欧洲人开始对黄金、对金本位产生了不信任感。这间接导致“一战”后的国际货币体系四分五裂、动荡不安，国际交易成本极高。

又如，“一战”后，战败国德国遭受制裁，国内爆发人类史上极为罕见的通胀，马克沦为废纸，社会秩序混乱，民不聊生。

当时，德国国内民族情绪及工人运动高涨，民族社会主义德国工人党（纳粹党）脱颖而出。

德国历史学派鼓吹“德国特殊论”；克虏伯的继承人加入德国纳粹党，克虏伯帝国成为希特勒的战争机器；流亡荷兰的威廉二世还为希特勒提供了200万马克的援助。大政府主义及政治强人对国家制度及国际秩序的破坏，对国际经贸关系的打压，相当于抽走了压舱石和稳定器。

可见，世界进入技术底部周期，国家制度及国际秩序遭到破坏，这两个因素一旦叠加，人类将不可避免地滑入存量厮杀的马尔萨斯陷阱。

再看当今的世界是否存在这种危险。

第一，与上次马尔萨斯陷阱类似，目前世界也处于技术周期的底部。

上次技术革命爆发于“二战”后，石化、航空航天、核能、半导体、计算机等军工技术市场化，给20世纪五六十年代的欧美世界带来了持续繁荣。接着，七八十年代开始，通信技术、电子产品、互联网、精密制造、生物技术等再掀波澜，欧美经济持续增长。

但是，进入90年代，技术红利随着技术扩散路径而逐渐递减、消失，世界经济增长逐步进入低增长区：

日本在泡沫经济破灭后陷入持续低增长；德国在统一后，经济增速稳步下行，欧洲在千禧之年已进入低增长区；凭借信息技术的垄断力量和美元红利，美国经济撑到了21世纪，但最终被2008年金融危机终结；危机后，韩国及亚洲新兴经济体衰退，阿根廷、俄罗斯、土耳其遭遇货币危机，金砖国家“变色”。

反过来，过去十多年，随着技术动力衰退，越来越多资本进入金融市场空转，类似于20世纪20年代的美国，推高了资产泡沫和经济杠杆。

比如，2007年次贷危机前，宽松的货币政策及金融管制助长了房地产泡沫及金融衍生品。危机后，量化宽松推动美股十年大牛，美债急速膨胀；同时，中国房地产连战连捷。还有2017年，比特币及数字货币泡沫产生。

所以，这轮马尔萨斯陷阱应该始于2008年大危机。这次2020年的疫情及股灾，让全世界深陷其中。

第二，制度建设同样在倒退。

与20世纪30年代不同，当今世界的全球化程度高很多，国家权力受到全球化的削弱。如今国家的经济主权更弱，执行效率更低。当然，这并不意味着国家制度建设倒退，因为全球化治理正在替代国家治理。

但是，这次疫情及股灾同时暴露了全球化治理和国家治理的两大短板。

全球化治理方面：

一是世界卫生组织作为联合国的下属机构，在这次疫情中的表现受到诸多质疑，公信力大减；同时，在应对疫情“世界大流行”时力量非常有限。

二是世界贸易组织作为全球最大的贸易体系，其自身规则滞后，仲裁机构长期停摆。近些年，国际贸易摩擦激烈，世界贸易组织亦毫无作为；同时，针对当前“闭关锁国”情况以及一些国家禁止大米出口、拦截口罩等医疗资源，尚未建立“病毒全球化”的应对方案及相关规则。

三是国际货币基金组织作为全球“央行中的央行”，尚未建立一套适应全球化的跨国货币体系（特别提款权的行使权力受约束）；同时，任由经济全球化与货币国家化的矛盾恶化，任由美联储数次量化宽松，美元任意贬值，客观上破坏了他国货币的政策独立性。

再看国家治理方面：

这次新冠肺炎疫情促使世界各国快速地从全球化中撤回到国家行政主权之内，可能逐步回归到国家经济主权范围。

新加坡、俄罗斯、澳大利亚较早封闭国门，抑制疫情进一步扩散。行动缓慢的欧洲、美国则被大面积感染。欧美国家相信全球化市场，但是忽视了全球化治理的失败。

一旦“闭关锁国”，退回到国家主权之内，国家治理的退化将给他们带来极大的麻烦。比如，政府没有能力进入战时管制，没有能力重建已丢失的产业链。

最后只能使用一种办法：兜底。

美联储的货币闸门完全敞开，美国政府予求予取，为整个社会兜底。救援行为本身没问题，但背后却体现了国家治理倒退——联邦政府完全转向攫取货币垄断租金，美联储被国债绑架丧失了独立性。

这种兜底方式潜藏着社会矛盾，穷人获得保障，中产阶级受损，富人更富，贫富差距进一步扩大；同时，政府负债率持续上升，债务风险巨大。

事实上，从20世纪30年代到“二战”期间，美国负债率持续上升。而这次，如果2万亿美元救市计划实施，美国的负债率将达到“二战”期间的最高水平。

“二战”后，技术革命爆发，经济持续繁荣，美国政府通过征税熨平了那次债务脉冲。这次该如何化解呢？总体来看，当今世界处于技术周期底部，制度建设亦在倒退，但相较于20世纪30年代，全球化程度更高，社会福利水平更高，且有核武器制衡，这次马尔萨斯陷阱不太可能出现较大规模战争。

但是，这次马尔萨斯陷阱定然会出现激烈的贸易摩擦、严重的国家及意识形态对立、泛滥的民粹主义和民族主义，还有大规模的隐性财富掠夺。

这该怎么办呢？

技术创新和制度革新是人类跳出马尔萨斯陷阱之关键。

如果全球化治理未能提升，各国该如何度过技术周期底部，“静待”下一次底层技术革命的到来，带领世界走出这次马尔萨斯陷阱？需要说明的是，技术革命并非一定会到来，技术创新源自人力资本的积累及有激励性的制度。

让我们来看看三种模式：美国模式、日本模式与德国模式。

美、日、德这三个国家，人力资本都非常雄厚，关键看制度是否具有激励性。

美国模式，可以理解为“刀锋模式”。

从绝对面来看，美联储与联邦政府的制度退化，有助于保障底层社会，有助于富人及金融机构创富，不利于中产阶级、实体经济及技术革新。

但是，从相对面来看，美国利用其军事、政治以及美元作为“世界货币”的优势，一次次地在泡沫危机中化险为夷。即便是在金融泡沫之下，依然有大量资本、人才加入美国，其创新能力依然首屈一指。

所以，美国模式有机会突破马尔萨斯陷阱，但过程无疑是动荡不安、惊心动魄的。

这种模式独一无二，仅此一家。它利用了全球化后治理的脆弱，“攫取”全球人才与资本之精华，而后成其大。当然不可否认，美国最大的优势可能是其制度的可修复性。

日本模式，可以理解为“装死模式”。

自泡沫危机后，日本在痛苦中艰难转型。日本政府大力支持基础科研，日本企业往上游基础技术转型，如今已经积累了包括精密机床、机器人、半导体材料、大型核电、氢燃料、能源存储、生物科学等核心技术。

日本的优势是藏富于民，贫富差距小，经济稳定性更强。但是，日本是富了民众穷了政府。日本政府负债率是全球最高的，高达253%，远超美国。日本央行是日本股市、大型财团真正的买家。

所以，日本的一个突出特点是，风险全部集中到政府手上，民众富有，社会福利好，居民负债率相对低，房地产和金融泡沫低，但政府负债率极高。需要注意的是，日本政府的负债基本源自本土，外债很少。

所以，日本模式是政府挑重担，全民共渡难关，悄无声息地

"静待"技术革命到来。

德国模式，可以理解为"稳健模式"。

经历了两次世界大战后，德国人一怕打仗，二怕通胀。

近70年，德国的通胀控制得很好，政府负债率和居民负债率都不高，资本市场不繁荣，金融风险低，银行与大型制造业捆绑，支持制造业深耕细作、技术创新，大型实体的现金储备较多。德国的弱点不太明显，目前及未来最大的麻烦可能来自欧盟的分歧与分裂。

在应对本次疫情时可以看出，日德更加稳定，美国相对大起大落。

不过，美、德、日及其他国家若要以技术突破这次马尔萨斯陷阱，皆离不开全球化市场。因此，亟须重塑全球化秩序，提升全球化治理水平。

参考文献

[1] 贾雷德 · 戴蒙德.枪炮、病菌与钢铁[M].谢延光,译.上海：上海译文出版社,2016.
[2] 哈耶克.致命的自负[M].冯克利,胡晋华,译.北京：中国社会科学出版社,2000.
[3] 米尔顿 · 弗里德曼.罗丝 · D.弗里德曼.自由选择[M].张琦,译.北京：机械工业出版社,2013.

中美关系

中美关系，是当今全球化时代最重要的国家关系之一。

过去，中美关系是全球化秩序的一部分；如今，旧秩序崩坏，两国如何重建新秩序？其前提是，中美如何重寻共识、弥合分歧。

从经济学的角度观察这一问题，真知、新知便浮上水面。

中美关系之贸易压舱

2020年6月3日，美国政府的一系列通告令人愕然。

美国运输部发布命令，宣布将从6月16日起暂停所有中国航空公司执飞的中美定期客运航班。美国商务部同日也表示，在5月针对33家中国企业和机构的新制裁将于两天后生效。

2007年，哈佛大学经济史学教授尼尔·弗格森和柏林自由大学石里克教授共同创造了一个新词——“中美国”“中美共同体”（Chimerica），称中美已走入共生时代。

可是，如今全球最大的市场与“世界最大的工厂”起了贸易摩擦。

两国巨额的双边贸易还能起到压舱石的作用吗？

笔者将从两国贸易结构的角度，以全球化秩序崩塌与重构为线索探索中美关系。

01
中美贸易与关系

2018年初，很多中国人都不相信美国真会与中国发生如此严重的贸易争端，更不相信如今正在争论的中美硬脱钩。

理由一：中国是全球最大的商品贸易国、最大的商品出口国，还是全球第二大的商品进口国。

美国是全球第二大商品贸易国、第二大商品出口国，还是全球最大的商品进口国。

据世界贸易组织统计，2018年全球贸易总额为39.342万亿美元。中国为第一大贸易国，进出口总额为4.62万亿美元，占比11.75%；美国为第二大贸易国，进出口总额为4.278万亿美元，占比10.87%。

理由二：中国是美国最大的工厂，美国是中国最大的市场。

据海关统计，2018年中国对美国进出口4.18万亿元人民币，占进出口总额的13.7%。其中，对美出口3.16万亿元人民币，自美进口1.02万亿元人民币，贸易顺差2.14万亿元人民币，扩大了14.7%。

最大的工厂与最大的市场硬脱钩，全球产业链不就崩盘了吗？

理由三：中国长期是美国的第一大债权国，美国长期是中国的第一大债务国。

2018年2月，中国持有的美国国债余额为1.177万亿美元，中国官方储备的外汇资产为3.134万亿美元，其中多数为美元资产。

最大的债务国与债权国“剑拔弩张”，世界还能安宁吗？

在全球化时代，经贸关系是中美关系的压舱石。不过，两国华丽的贸易数据给我们造成了巨大的误解。拨开云雾，透过数据，我们可以清晰地看到中美关系的脆弱性，以及两国经贸的结构性冲突。

第一，中美贸易规模大，但经济关系更多停留在“贸易”层面。

经济全球化的演变从最初的贸易全球化逐步深入发展到信息、资本、科技、人才等要素全球化，再进一步发展到财政、货币、国家主权、价值观、婚姻、生活的高级全球化。

美日欧已进入要素全球化阶段。欧元区达到高级全球化阶段，统一货币，协调财政，共商外交，共建国防。欧洲曾经发生过两次世界大战，但“二战”后美苏争霸加速促成了欧洲命运共同体。如今欧元区国家已不可能打贸易战、科技战、金融战，很难再爆发战争。

2018年，中国对美国进出口4.18万亿元人民币，其中绝大多数是商品贸易，服务类、技术类、金融类贸易较少。

虽然美国长期向中国转移普通制造技术，但是受高科技禁运限制，两国缺乏深度的科技合作，中国长期未融入国际技术标准与规则。

1949年，美国出台了《出口管制法》，同时主导成立了“巴黎统筹委员会”，对包括中国在内的社会主义国家实施高科技禁运。尼克松访华后，尤其是1979年中美建交后，美国对华逐步放松防空雷达、通信、计算机等出口管制。

但是，1999年，美国国会发布了《考克斯报告》，对华高科技出口重新收紧。根据美国商务部的数据，美国对华军民两用品出口管制清单包括核材料、材料处理技术、电子技术、海洋探测技术等

10大类。中国商务部的统计数据显示，美国的出口管制政策导致美国对华高技术产品出口额在中国同类产品进口中的占比连续下降，2001年为18.3%，到了2013年竟已降至8.6%。

中国金融尚未完全开放，美国金融机构在华经营受限。两国处于两个不同的金融体系，中国尚未完全融入美元主导的国际金融体系。

全国人大财经委原副主任黄奇帆指出，“中国近200万亿元的金融资产中，外资金融机构只占1.8%。与之相比，在同样近200万亿元的工业、商贸资产中，外资企业占到了30%”。[①]

经贸关系是中美两国的压舱石，但是中美巨额双边贸易并没有想象中的那么牢靠。做出口生意的企业主很清楚，虽然长期与美国人做生意，但是竞争十分激烈，订单说没就没了。

很多人认为，中国是美国最大的进口国，美国短时间内难以找到这样的“世界工厂”。但是，2019年美国对中国减少了10%左右的进口额，美国国内并未出现物资紧缺或物价上涨。这说明，这10%转移到了其他国家或可以自主可控。

与金融贸易、技术合作相比，商品贸易的替代成本较低。越南趁中美贸易摩擦升级之机全面快速开放，2019年第一季度越南对美出口同比增加近40%。

中国最大的优势是健全的产业网络，但是构建产业网络并没有想象中那么难。只要龙头企业迁移，相关上游供应商也随之过去，再加上完善的基础设施，一个产业网络很快就能形成。这些与美国做生意的人不少还是中国人，只是换了一个地方而已。

第二，中美贸易结构不完善，两国经常项目长期不平衡。

① 2019年第十八届中国企业领袖年会，黄奇帆演讲。

中国对美国长期顺差，顺差额持续扩大；美国对中国的贸易则长期赤字。

2018年，中国对美出口3.16万亿元人民币，自美进口1.02万亿元人民币，贸易顺差2.14万亿元人民币，扩大14.7%。若以美元计价，中国对美国的贸易顺差为3233.2亿美元，同比扩大17.2%。美国只是继欧盟、东盟之后中国第三大贸易伙伴。

很多人支持贸易顺差，认为贸易顺差可赚取更多的美元。这其实是一种重商主义思想。重商主义者托马斯·孟在其著名的《英国得自对外贸易的财富》第二章中提到，增加英国财富的基本手段是赚取贸易差额："我们每年卖给外国人的货物的价值要大于我们所消费的外国商品的价值。"

其实，国际收支平衡对两国经济是最有利的。长期的、巨额的贸易顺差或贸易逆差，都会带来巨大的福利损失。中美两国的国际收支长期失衡、扭曲，国际收支失衡触发了阈值，进而引发了贸易摩擦。

有人说，中国对美国长期顺差是两国比较优势的结果，两国贸易源于互补关系，中国的低廉劳动力及廉价商品与美国相对技术密集型、资本密集型产品形成互补。

从贸易结构数据来看，中国对美国出口的商品集中为机电和轻工消费品，如机电、音响设备及其零件占46%，纺织原料及纺织品占10%。美国主要向中国出口技术及资本密集型产品，集中为机械、汽车、航空、光学、医疗设备等。

但其实，如果两国长期保持互补型贸易，说明这两国间的要素长期无法流通，价格长期被扭曲，这既违背经济规律，又容易引发经济失衡、贸易冲突。

怎么理解？

从贸易的起源理论来看，互补型贸易符合大卫·李嘉图的比较优势理论。但是，很多人忽略的是，比较优势理论有一个严格前提，那就是在一国内要素可以自由流通，但是在国际不流通。

假如中美两国的要素市场是开放的、自由化的，中国的劳动力价格优势维持不了太久。为什么？美国劳动力价格高，中国劳动力会向美输出，从而压低当地工资；反过来，美国厂商也会选择在中国设厂，以降低成本。后者情况已发生，只是程度还不够。

过去，我们一直强调中国的“人口红利”。其实，人口红利并不值得骄傲。相反，长期的人口红利说明要素无法自由流通导致劳动者收入低下。久而久之，将导致内需不振，经济增长日趋乏力。正如当下，疫情全球化叠加贸易摩擦，贸易一旦受阻，只能依靠内需，但全国有6亿人月均收入只有1000元，内需不足，消费低迷，经济动力缺失。

很多人说，美国不会放弃中国14亿人的市场。但其实，中国14亿人只给美国带来1500多亿美元的出口，而美国3.3亿人给中国带来了4700多亿美元的出口（2018年）。主要原因是美国GDP虽只有中国的1.49倍，但人均GDP是中国的6倍，消费能力强劲。从这个角度来看，中国对美国的市场依赖度大于美国对中国的。

所以，中美两国庞大的互补型贸易及国际收支失衡的背后，是要素市场失灵下的畸形贸易、经济结构和财富结构失衡的代价，以及经济失速、贸易冲突等潜在危险。

如果两国开放要素市场，人才、资本、科技、信息等要素价格趋同，互补型贸易量则会逐渐减少，要素型贸易增加，属地化生产得到强化，同时会出现要素全球化扩张。

著名经济学家萨缪尔森在发展赫克歇尔—俄林理论时，提出了要素价格均等化理论。萨缪尔森通过研究发现，两个国家发生贸易，如果要素市场自由化，那么这两个国家的要素禀赋优势会逐渐削弱甚至消失。

两国长期维持比较优势，互补型商品贸易与日俱增，会使要素贸易受限受阻，国际收支严重失衡。中美今天之所以走到火山口，根本原因是两国40多年的贸易之路实际上越来越偏离经济规律，最终触发两国矛盾的阈值。

02 中美冲突与旧秩序崩坍

为什么中美两国要素无法自由流通？为什么两国国际收支平衡会不断恶化？

客观原因是国际秩序（这里主要指全球化经贸与金融秩序）的问题，主观原因是两国经济体制及政策差异。

当今的国际秩序是“二战”后由美国主导建立的。由于1971年布雷顿森林体系崩溃，从1980年里根改革开始，美国重新主导了全球化经贸及金融秩序。

当今全球化经贸及金融秩序以美元为基石，美元是最主要的国际结算和国际储备货币。但是，这个体系依然延续了布雷顿森林时期的“特里芬难题”。

为了满足国际市场对美元的需求，美国必须向海外输出美元，同时输入商品。如此，美国对外贸易逆差持续扩大，早期对日本赤字，后期对中国赤字。由于出口持续下降，产业空心化，美国进一步借助美元强化金融地位。这就导致了美国国内经济失衡。

中国、日本赚取的大量美元购买美国的金融资产（国债），使美元回流到美国本土。这就导致中美两国国际收支长期失衡。

“特里芬难题”的本质是，美元作为美国的主权货币，又是“世界货币”。这体现了贸易全球化与货币主权化之间的矛盾。

“特里芬难题”如鲠在喉，是中美贸易出现争端的客观因素，也是全球化秩序崩溃的内在动因。

全球化秩序崩溃于2008年金融危机。这场金融危机引发了欧美世界的民粹运动，美国精英们如经济学家克鲁格曼、斯蒂格利茨深刻地意识到，全球化秩序是一个“强美元、强金融、高赤字、高泡沫”的失衡秩序。

金融危机前，全球贸易总额达历史峰值，但贸易差额也达峰值。国际货币基金组织（IMF）统计显示，1980年全球贸易顺差额仅为139.2亿美元，世界GDP占比仅为0.11%；然而，2007年全球贸易顺差额为4130亿美元，世界GDP占比高达0.7%，与1980年相比，贸易顺差额增加了近30倍。

失衡的全球化经贸秩序带来了严重的经济后果。美国金融泡沫化，制造业空心化，华尔街纸醉金迷，“铁锈地带”一片凋敝，贫富差距持续扩大，负债率持续上升，最终引爆了金融危机。

经济全球化与财政主权化、货币国家化之矛盾，最终导致“低通胀、低增长、低利率、高泡沫、高债务”之经济格局。

这一底层逻辑便是全球化秩序的问题所在。美国建制派不仅没有缓解“特里芬难题”，还利用美元的强势地位，持续扩张美元，向全球大规模地输出资本。如此，加剧了贫富差距，富人借助廉价货币追涨金融资产，引发金融泡沫危机，穷人有效需求不足，消费市场通缩，陷入低增长。

所以，中美关系的分水岭始于2008年金融危机，始于旧秩序的崩塌。

金融危机后，全球化贸易额持续下滑，国际收支持续恶化。2012年，全球贸易顺差额是2007年金融危机前的近2倍，达到历史最高峰7180亿美元，占世界GDP的比重也进一步提升，高达1%，贸易失衡状况进一步恶化。

奥巴马执政8年，无为而治，掩盖了矛盾，无力修复全球化秩序。很多人感到奇怪，奥巴马对中国相对温和，为何特朗普如此“癫狂”？

实际上，过去以美元为主导的全球化秩序，主要是由建制派（掌权派、既得利益者）、华尔街、跨国公司构建的，里根、克林顿、奥巴马、希拉里是这一秩序的受益者。过去的全球化秩序并不是一个惠及所有人的秩序。旧秩序的崩盘是全球化经济失衡、社会撕裂的结果，也是底层社会对既得利益者的挑战。

但是，2016年特朗普逆袭希拉里赢得大选，美国建制派失去了白宫掌控权。为了兑现对“铁锈地带”、农业州选民的承诺，特朗普一上台便把旧秩序打破，进而引发了中美贸易摩擦。

特朗普政府指责中国操纵汇率，压低汇率价格，扩大出口，导致美国贸易逆差。经济学家克鲁格曼认为，中国对美国顺差的原因不是比较优势，而是人为干预汇率。

很多人对贸易顺差赚取外汇有着天然的迷信，认为巨额外汇储备是金融的护城河，不用担心金融开放的风险。

其实，金融开放的国家，外汇储备反而不需要这么多。通常，汇率自由浮动的国家，其外汇持有规模占GDP的10%左右即可。而中国的外汇持有规模为21.2万亿元人民币（2020年3月），占2019年GDP的21.4%。巅峰时期，外汇储备占央行资产的83.29%，是人民币最主要的信用资产。

有人说，央行持有更多的美元，人民币的信用不是更高吗？同时，我们还持有1万多亿美元的美国国债，是美国的第二大债权国。

在汇率自由浮动的国家，房产、股票、货币等经过国际市场的反复博弈，接受了国际定价，反而不需要大量外汇来“守国门”，甚至可使用本国国债及证券来发行货币。中国的情况则相反，金融未完全开放，官方通过结汇制度积累大量外汇来稳定汇率和人民币信用。

另外，特朗普政府指责中国的产业政策、金融政策、国有企业及市场准入壁垒阻碍了要素市场流通，导致了国际收支失衡。

1995年，克林顿政府展开了一场对华政策大辩论：是采取遏制政策还是接触政策？但并没有明确结果。克林顿政府及建制派的一贯策略是一步步试探中国，美国商会相信通过大规模的经贸合作，中国也会走向全球化市场经济。

很多人问，中国有14亿消费市场，沃尔玛等美国跨国公司愿意放弃吗？在华跨国公司与建制派是一伙的，特朗普并不代表他们的利益。更重要的是，特朗普有意地把一些关键问题上升到“政治正确”层面，建制派、美国商会在对华问题上陷入了被动。

总之，在旧的全球化秩序中，中美两国要素市场长期扭曲，资源配置不充分，长期维持互补型贸易，两国贸易结构及经常账户长期失衡，贫富差距扩大，金融危机爆发，触发了美国社会矛盾，建制派垮台，特朗普政府“掀翻了桌子”，冲击了原有合作模式。

全球化旧秩序的崩塌，是全球化的失意者对既得利益者发起的挑战。

03
中美融合与个人全球化

中美关系是特朗普政府摧毁旧秩序、重构全球化秩序的一部分。笔者一直不认同中美陷入“修昔底德陷阱”一说，但两国若没能就新的贸易规则达成共识、深入合作，美国定然会将中国视为战略对手。

如今，中美关系走到了关键的十字路口上。

旧秩序坍塌，中美畸形的贸易结构难以为继，中美巨额双边贸易额不足以作为中美关系的压舱石。

新秩序正在构建，中美之间充满着各种情绪、噪声与利益，双方需重新回归到压舱石关系上，扭转畸形的贸易结构，建立与新秩序相适应的双边贸易规则。

突破点是要素自由化、全球化，即深化改革开放，破除制度障碍，促进两国信息、人才、科技、金融等要素流通。

要素自由化、全球化，将促进中美互补型贸易向重叠型贸易转型。它是缓解旧秩序中国际收支及经济结构失衡的关键，也是构建新秩序的方向。

以美日贸易战为例。

“二战”后，美国与日本是互补型贸易，美国在日本投资设厂，日本出口廉价商品到美国。

1955年，日本对美棉纺织品出口达同类进口总额的54.7%，引起了两国棉纺织品贸易摩擦。此后，日本合成纤维、钢铁、彩电、汽车等逐步占领美国市场，也同样引发了两国贸易摩擦。

从1960年到1979年，日本对美国出口额从216.4万美元增长到824572.7万美元，增长了约3809.4倍。其中，增长最快的是手表、电视机、录音机、台式计算机、摩托车、科学仪器、金属制品、合成纤维、钢铁等。

但是，经过几十年贸易摩擦后，美日双方逐渐形成了新的贸易规则，发展出了更为稳定的重叠型贸易。

什么叫重叠型贸易？

比如日本向美国进口汽车，美国又向日本进口汽车。日本出口发动机给美国，美国出口汽车电池给日本。

如今，日本对美国出口量最大的是发动机及小轿车、飞机及直升机零部件、机动车辆用变速箱，以及知识产权、金融等服务贸易。美国对日本出口的商品主要是粮食饮料、工业原材料及配件、汽车及飞机交通运输成品及配件，以及知识产权、资本性服务贸易。从贸易结构的变化可以看出，如今美日两国以重叠型贸易为主。

重叠型贸易如何形成？如何从互补型贸易向重叠型贸易转型？

两个存在代际差的国家，容易发生互补型贸易。但如果两国要素自由流通，原始要素禀赋的比较优势逐渐消失，互补型贸易将逐渐走向重叠型贸易。

能否从互补型贸易走向重叠型贸易，主要取决于两个方面：

第一，是否能打破互补型贸易的要素壁垒？

1979年开始，日美两国开始就汽车贸易展开拉锯战。1980年5

月，日本决定采取开放市场措施（取消零部件的关税、简化进口检查手续）。从1982年开始，丰田、日产、本田、马自达、三菱、富士重工等日本汽车公司相继在美国进行投资生产。

日本车企进入美国市场后，产量从1983年的6万辆快速上升到1989年的125万辆。后来，丰田汽车甚至力压美国通用成为全球第一大汽车生产商。另外，本田、马自达、日产、三菱都成为名列前茅的车企，而美国如今只剩下通用和福特，克莱斯勒在金融危机中破产了。

如今，日本与美国的汽车及零配件（发动机）相互进口，完全实现了重叠型贸易。

在要素市场的国际化、自由化过程中，日本企业在日美贸易争端中主动求变，对外投资。如今，日本一半的产值来自国际市场。所以，重叠型贸易的一大特点是广泛的要素贸易，包括对外投资、技术贸易、共同研发等。

第二，是否能完成产业技术升级？

2000年之后，日本企业纷纷剥离了终端业务，它们向上游核心部件和商用领域成功转型。例如，松下从家电扩展至汽车电子、住宅能源、商务解决方案等领域；夏普转向健康医疗、机器人、智能住宅、汽车、食品、水、空气安全领域和教育产业。

如今，日本在商用领域的大型核电、新能源、氢燃料电池、电力电网、医疗技术、能源存储技术、生物科技、机器人研发及高精尖产业等占据了全球竞争优势。

所以，日本与美国的互补型贸易是建立在技术迭代升级之上的——市场开放，竞争加剧，要素流通，资源共享，促进技术创新。

只有占据了技术优势，才能真正摆脱以廉价优势为主导的互补型贸易，才能跻身国际市场建立重叠型贸易。

为什么说重叠型贸易符合全球化新秩序的趋势呢?

互补型贸易是两国初期的贸易模式，建立在要素禀赋的比较优势之上。互补型贸易的比较优势指向单一的价格，容易受汇率政策、经济政策及人为干预，从而引发贸易摩擦。

反过来，在这种模式下，打贸易战的成本相对低，而且打击目标比较精准。在互补型贸易中，“卡脖子”问题确实存在，而且容易遏制弱势一方的贸易“咽喉”。

重叠型贸易是两国可持续发展的贸易模式，建立在要素自由化及技术比较优势之上。这种贸易关注的是需求端，双方的产品是否受到对方消费者的青睐，基于各自产品的技术、设计以及多方优势，而不是单一的价格。

当下，很多人对“卡脖子”的认识陷入了一种民族主义式误区。通用芯片、核电电网、发动机、人工智能算法、机器人、操作系统、光刻机、生物医药等，“卡脖子”技术非常多，没有一个国家能够掌握所有核心技术。强如美国、日本，也有“卡脖子”的技术在别人手上。

在重叠型贸易中，双方相互“卡脖子”。美国掌握了操作系统、人工智能算法，日本掌握了飞机发动机、光学精密仪器。美国有机器人、变速箱，日本也有。如此相互“卡脖子”，自然不会卡对方的脖子。

全球化是个人的全球化，国际市场是全球化的自发秩序。

重叠型贸易不仅有商品贸易，还包括大量的技术、劳动力、资本等要素贸易，尤其是国际资本投资、跨国公司设厂、共同研发设计，以及大量产业内的复杂贸易关系。如此，重叠型贸易可以降低互补型贸易商品的单一性和价格竞争的单一性，可以促进全方位合作、多元化互利，深度渗透、高度捆绑。

重叠型贸易才是真正的全球化，它犹如人体神经网络一样将不同性格、肤色的人联系在一起。各个产业、各个公司、各个消费者因完全不同的偏好相互贸易，不由价格单一指标决定。

在旧的全球化秩序中，中美要素市场没有完全打通，两国经贸未惠及所有人。从“三零”贸易规则和世界贸易组织改革来看，信息、人才、资本、科技在“零关税、零壁垒、零补贴”中自由流通是大趋势。

所以，中美要素自由流通，推动两国互补型贸易向重叠型贸易转型，缓解旧秩序下中美国际收支及经济结构失衡，符合新秩序之大势。重叠型贸易才是可持续的贸易结构，才是中美两国的压舱石。

要素自由化是全球化发展的必然趋势。从互补型贸易到重叠型贸易是中美贸易史上的一道坎，是中国贸易转型、经济结构转型的一道坎。

旧秩序崩塌，巨额贸易背后隐藏着两国关系的脆弱性及全球化失衡。新秩序正在构建，双方需要谨防借民族主义旗号破坏中美关系，阻碍深化合作，捍卫既得利益。正如罗曼·罗兰在“一战”爆发前就不断向人们呼吁：

“现在是一个需要保持警惕的时代，而且愈来愈需要警惕。煽起仇恨的人，按照他们卑劣的本性，要比善于和解的人更激烈、更富于侵略性，在他们背后还隐藏着物质利益。”

参考文献

[1] 托马斯 · 孟. 英国得自对外贸易的财富[M]. 袁南宇,译. 北京：商务印书馆,1997.
[2] 斯蒂芬 · 茨威格. 罗曼 · 罗兰传[M]. 北京：团结出版社,2003.

中美关系之底层逻辑

20世纪80年代“里根大循环”推动了全球化金融资本主义秩序的构建。这种资本账户获利、经常账户长期亏损的畸形模式，促使全球经济结构长期失衡，最终导致2008年全球金融危机爆发，并触及美国国内社会矛盾阈值，美国选民通过民主选举的方式扭转了这一局面。

中美贸易摩擦则是在全球化资本主义秩序的框架下，美国国内矛盾转移与旧秩序成为沉疴顽疾的一种镜像反射。这也标志着金融资本主义国际秩序已经穷途末路。

美国政治的现实主义回归，中国经济换档降速，促使中美关系在2018年相互碰撞、叠加共振。特朗普政府上台，其真正的战略则是构建一个全新的自由主义全球化秩序，试图以“特朗普大循环”替代“里根大循环”。

这次历史性的大国博弈与秩序重构，将带给中国真正的考验是国本的消耗风险、“堰塞湖”的崩溃风险以及战略性道路遭遇国际新秩序的阻碍风险。原有的中国制造—美国金融的大循环若被打破，原有的国际产业大分工的地位受到挑战，中国该如何应对新自由主义国际秩序？

01
中美关系压舱石：金融资本主义秩序下的利益大循环

过去40多年，尼克松、里根、基辛格、老布什、克林顿、小布什、奥巴马跟中国关系都还不错。2008年，在全球金融危机的关头，中美联手共同抗击，表现出美国建制派对中国的信任。但是，2018年，特朗普向中国发难。

从2008年到2018年这十年，中美之间到底发生了什么？只有拨开历史的迷雾，跳出现实的代入感，从底层逻辑才能真正洞悉中美关系之演进。

自从20世纪80年代美联储主席保罗·沃尔克强势加息，打造强势美元之后，美国在“里根大循环”中重新找到了一种领导全球化的方式——全球化金融资本主义秩序，即一种强美元、强金融、高赤字的全球化游戏规则。

这是一种资本账户获利颇丰、经常账户不断恶化的失衡模式。强美元、强金融，必然导致美国高贸易赤字、高政府负债。

在这种规则之下，美国的金融企业、科技企业自然是最大的受益者，美国华尔街、建制派、传统政客也是乐见其成。

全球化金融资本主义秩序的另外一大受益者就是与美国发生贸易的廉价制造大国。强美元有利于美国进口，而不利于本国制造业出口。过去，这一受益者是日本、韩国等，之后则是中国。

中国逐渐成为美国的工厂，为其输送源源不断的廉价商品。中国赚取大量外汇后，又以购买美国国债的方式，将美元输送回美国，以减缓美国国内美元输出型通缩的压力。同时，美国金融界和商业界享受着廉价美元的便利并在全球投资获利。

中国将贸易顺差形成的外汇储备以不到3%的利率借给美国，美国运用借来的资本以FDI和对冲基金的形式在中国及全球进行投资，近20年得到复合收益率大约为18%，中间15%左右的利差便是美国资本账下的超额利润。

所以，美国利用别国廉价制造成本与国内建制派、金融界、商业界形成利益互补，构成了全球金融资本主义的大循环。

然而，这种金融帝国攫取的价值剩余，仅仅惠泽华尔街金融精英集团，给中低端白领蓝领阶层带来的却是由于资源向金融资本倾斜而导致的产业资本虚脱，以及制造业空心化造成的失业。美国制造业受到廉价进口商品的冲击越来越严重，“铁锈地带”与华尔街之间的社会矛盾日益凸显。

五大湖区曾经是美国的骄傲，塑造了美国重工业的光辉史，其中底特律是世界汽车制造基地，匹兹堡则被称为钢铁城。在20世纪五六十年代，“铁锈地带”最为巅峰时，将近创造了美国一半的经济总量和一半的产业工人就业。然而，到21世纪初，这两项数据都降到30%以下。近年，“铁锈地带”的经济总量比重维持在25%左右。

美国独立性民调机构皮尤研究中心的数据显示，1964年美国工人阶级的名义工资（时薪）为2.5美元，到2014年增长到20.67美元。但按实际购买力计算，美国工人工资在50年间几乎没有增长，1964年的实际工资已相当于今天的19.18美元，甚至1973年1月的实际工资相当于今天的22.41美元。

“铁锈地带”的锈迹斑斑，与华尔街的盆满钵满、纸醉金迷构成潜在的国内矛盾。但是，此时这一矛盾并未激化，中国与美国华尔街、建制派、传统政客依然有着强大的利益互补性。所以，1978—2008年这30年间，中美关系从陌生到熟悉、从试探接触到合作共赢，基于巨大贸易规模的利益关系成为两国关系的压舱石。

02
美国政治：从自由主义转向现实主义

2008年，由美国次贷危机引爆的全球性金融危机是中美关系的转折点。

这场金融危机给美国社会带来了较大的创伤，彻底激化了国内社会矛盾，以至于美国民粹主义泛起，传统政客势力大受削弱。

金融危机之后，占领华尔街运动爆发，美国底层民众控诉财政部拿着纳税人的钱，救济贪得无厌的华尔街大佬，控诉美联储为这些引发金融危机的金融机构兜底，控诉联邦政府让金融机构赚得盆满钵满，而无视美国制造业凋零、工厂倒闭、工人失业。

美国社会精英阶层对这场金融危机以及全球化问题做了非常深刻的反思。他们将这场金融危机的责任归于美国建制派、传统政客、社会精英、华尔街金融大佬。

实际上，早在小布什政府时期，联邦政府就已经意识到了全球化带来的经济结构失衡。于是，联邦政府为了缓和社会矛盾，提出再造美国梦的计划，让美国人人有房子住。

这个时候，传统政客、美联储、华尔街再次默契配合：先是美联储大幅度下调利率，释放流动性支持民众贷款；以雷曼兄弟为代表的华尔街金融机构则大量发放次级贷款，让底层民众买房。

同时，联邦政府站出来做隐性担保。联邦旗下的房地美、房利美两家全美最大的住房贷款抵押公司，负责收购金融机构的贷款合同，然后打包到金融市场上销售。一旦发生危机，美联储会为这些金融机构充当最后贷款人。

但是，房地产和经济过热引起了美联储的警惕，出于对通胀目标负责，美联储于2005年开始加息，一些次级贷款逐渐违约；到了2007年，次级贷款崩盘，进而引发金融危机。

在美国精英们看来，全球化背景下经济结构失衡是美国社会矛盾的根源。这种不平衡导致了美国制造业的凋零与华尔街的暴富，并让美国产生了严重的社会矛盾。

所以，在全球化金融资本主义秩序中，经济结构失衡一旦触发社会矛盾的阈值，美国社会就会通过民主选举的方式来扭转这一局面。这个时候，出于对选票的争夺，美国两党的政治态度开始由原来的自由主义转向现实主义。

之前，美国建制派在经济上和政治上主要以自由主义为主。20世纪80年代开始，里根推动改革，经济政策上，采用了新自由主义代表供给学派的主张，走向放松管制、自由放任；货币政策上，采用了另一个新自由主义阵营芝加哥学派货币主义的主张。政治上，一直秉承尼克松、基辛格确定的对华接触对策。

20世纪90年代，苏联解体，冷战结束，美国政府高层就对中国的策略调整问题争论不休。1995年，克林顿政府展开了一场对华政策大辩论：是采取遏制政策还是接触政策？辩论最终并没有明确的结果。克林顿政府的做法是一步步试探中国，也发生过一些令人不愉快的事件。

当时，以美资为代表的外资掀起了一波对华投资潮，麦当劳、沃尔玛、通用汽车、西门子正式进入中国。美国商会在“看不见的手”的指引下，忍不住叩开中国的大门，一窥究竟。

美国政治精英其实更偏向于理想主义。美国历史学家白修德在其纪念美国建国210周年的文章中曾总结：“美国是一个由思想产生的国家；不是这个地方，而是思想，缔造了美国。”不过，每当遭遇政治的选票危机时，政治精英又会将自由主义的时针向现实主义回拨。

2008年后，美国选民开始把票投给跟过去不一样的总统，美国第一位黑人总统奥巴马趁机上台。当时美国人感觉黑人总统与传统白人政客不同，更能够代表底层人民的利益。但是，没想到奥巴马也是一位传统政客。

到了2016年，美国民众忍无可忍，彻底抛弃了传统政客希拉里，支持了最不像总统的特朗普上位。“特朗普现象”实际上是全球化金融资本主义秩序与美国民主政治之间冲突的结果。

03

中国政策：从“摸着石头过河”转向战略性改革开放

1978—2008年，中国的改革开放其实并没有明确的顶层设计。在很大程度上，中国乘着全球化浪潮之风向世界开放。

2001年朱镕基总理非常敏锐地抓住了机遇，力排众议答应了

“入世”谈判的最后一些条款。在9·11恐袭事件爆发仅3个月后，中国顺利地加入了WTO。

在美国国内，小布什政府同意中国“入世”这一决策引起了巨大的争议，当时克林顿和小布什几乎动用了所有的政治资源和力量才促成了此事。政治上最终的决定是，对中国采取所谓的二元策略，即增加接触的同时在亚洲对中国进行一定的遏制。

但是出人意料的是，在经济上两国的贸易、投资出现井喷式增长。如今美国贸易代表莱特希泽对中国加入WTO仍旧耿耿于怀，他认为这是美国政府当时犯下的错误。

加入世贸组织的前7年是中国进入全球化的辉煌期，中美贸易规模大幅度增长。中美贸易额从2001年的804.85亿美元增加到2017年的5836.97亿美元，年平均增长率达到13.2%，尤其是2000—2008年，中美贸易额始终保持两位数增长。此时中美两国的经贸关系可以概括为：中国是美国的工厂，美国是中国的市场。

所以，在2008年之前，中国“摸着石头过河”式的改革开放非常符合美国建制派和金融界的利益，也契合自由主义的潮流。

但是，2008年这场金融危机给中国极大的警示：出口贸易依赖性过大，容易遭受国际市场外溢性风险的冲击。

中国的政策开始由原来的“摸着石头过河”转向战略性改革开放。

首先，中国开始调整经济结构，减少对外出口的依赖性，强化内需和投资对经济增长的拉动作用。

2013年开始，中国开始进入新时代，明确提出了“一带一路”倡议以及亚投行建设，强化了对外开放的战略性。中国试图在亚欧大陆建立“新丝绸之路经济带”，打造命运共同体。不过，美国对此有着不同的看法。

这一战略性调整的结果，很明显地反映在出口数据上。2008年前后，中国出口占GDP比重高达40%，是中国第一大经济增长动力；2018年前后，这一数据下降到20%左右。

这些年，我国对“一带一路”沿线国家出口增速加快，对欧美国家则维持缓慢增长。

2016年，我国对巴基斯坦、俄罗斯、波兰、孟加拉国和印度等国出口分别增长11%、14.1%、11.8%、9%和6.5%。同期，我国对欧盟出口增长1.2%，对美国出口微增0.1%。而在此之前的2000—2008年，中美贸易额始终保持两位数增长。

不过，2008—2018年，虽然中国的出口依赖度大幅度下降，但是中国依然在此时超越了日本成为美国最大的贸易伙伴。同时，中国对美国的贸易顺差从2001年的280.80亿美元扩张到2017年的2758.12亿美元，主要原因是中美贸易规模的基数大。

此时，中美贸易的结构变化促使中美关系陷入尴尬境地。一方面，对美出口增速的放缓以及依赖度的降低，对中美关系的压舱石产生了影响。美国建制派、金融界和传统政客的控制感降低，一定程度上感到莫名的失落。另一方面，2000多亿美元的巨额赤字又严重地刺激了美国制造业以及政治左派势力。

其次，中国战略性改革开放还包括做大做强国有企业。中国重视并扶持发展高铁、大飞机制造、通用芯片、通信技术、高端制造设备等产业。基于中国特色的产业政策及所有制安排，以战略性的方式支持市场竞争，这一做法在一定程度上让美国商业界难以理解。

所以，2018年，中国政策的战略性转向叠加美国政治的现实主义回归，中美关系开始相互碰撞、共振。

对中国发起贸易制裁，美国两党、两院的政治立场出奇一致，甚至对中国最了解、最宽容的美国商业界也站到了中国的对立面。这一方面说明中美共同利益的压舱石被撼动，另一方面说明打压中国成为美国政治正确、获取选票的标配。

04
美国策略：应对巨人，赢得政治选票

特朗普上台之后环顾四周，找到了一个假想的巨人对手——中国。20世纪80年代，这个巨人曾是日本。

2008年金融危机之后的十年，中国超越了日本成为世界第二大经济体，超越了日本成为美国最大的贸易伙伴，超越了日本成为美国最大的债权国，超越了日本手握全球最多的美元外汇储备。

对华政策是每一届美国总统选举的一张重要的牌。几乎每位候选人都对中国放“狠话”，但两国关系都还在“中美利益大循环”的框架内。美国选举的这一传统使中国经济学界一度认为，特朗普也是老调重弹，不曾观察到美国政治正在从自由主义转向现实主义。

特朗普认为，美国之所以工厂倒闭、工人失业，是因为中国人抢走了美国人的生意和工作；美国之所以高贸易赤字，是因为中国人利用低汇率、高补贴刺激了出口，赚取了大量美元外汇；美国之所以政府高负债，是因为中国人赚走了美元，然后买了美国的国债，成了美国最大的债主。

从历史根源上考虑，中美贸易问题的深层次原因是美国在20世纪80年代开始主导的全球化金融资本主义秩序导致美国经济结构失衡，这一失衡最终突破了美国社会矛盾的阈值。

这一美元主导的金融资本主义秩序，必然导致美国逆差不断扩大。每当逆差触及美国社会矛盾的阈值时，美国政府都会使用贸易保护主义或国家主义，对贸易对方国进行干预，试图降低贸易赤字，缓解政治选票上的压力。

贸易摩擦对美国构成一定的压力，中国也不愿意与美国贸易摩擦升级，更何况，两国存在广泛的贸易基础，因此双方在2019年达成了一定的合作。

第一，中国加大了对美国的商品采购，缓解经常账目失衡这一局面。

中国已承诺加大采购美国商品以降低美国对中国的贸易赤字。预计，中国对美国商品的进口额尤其是农产品方面将大幅度增加，这对中国的外汇储备是一个考验。

这一结果虽然无法改变美国经济结构问题，但是对特朗普政府来说至关重要。特朗普政府需要通过贸易赤字缩小这一简单而直接的数据，获得选民的支持，以进一步推进对华政策以及第二任总统选举。

第二，中国降低了关税，进一步扩大开放。

中国已经批准下调700多种商品的进口关税，包括汽车整车的关税下调至15%。同时，已经在银行、金融资产管理、证券、期货、保险、支付机构、评级机构、汽车、造船、飞机制造等领域开放市场，取消了汽车行业外资持股限制。

这一结果是美国金融界、商业界、建制派等传统势力希望看到的。市场的开放，短期来说会给中国国内金融企业、制造企业带来一定的冲击，但长期可以促进金融企业、制造企业改革，有助于提升整个产业的国际竞争力。

第三，中国应该承诺加强知识产权保护，禁止强制技术转让。强制技术转让对美国商业界的刺激很大，毕竟技术是他们的核心竞争力。在这方面，美国商业界断然不会妥协。如果在这个问题上难以达成合作，中美之间的稳定则可能动摇。

当然，中国大概率会强化知识产权保护，但这是一项系统性又十分繁杂的工作。预计未来美国会对中国某些专利技术产权上大做文章，以向中国施压，推进这一协议。

与知识产权保护类似，中美在减少政府补贴、维持汇率稳定方面应该都能达成某些协议，但是在执行上会有反复博弈。中国政府补贴与各项产业政策、国有企业息息相关，而后者几乎难以在短时间内发生根本改变。

未来，政府补贴可能会减少，产业政策可能更偏向于一般性政策、宏观性政策，较少直接的经济补贴或优惠政策。

汇率问题，其实是经贸关系的核心。当年美国、日本、英国等五国签署的“广场协议”，试图通过汇率来扭转国际贸易及投资失衡。2018年，美元连续升值，给人民币带来较大的贬值压力。

就当前而言，人民币大幅度贬值或升值，都不利于国内经济稳定。如果人民币快速升值，很可能引发国内高资产价格形成的“堰塞湖”崩溃风险。而汇率稳定，虽然给外汇储备带来压力，但短期内中美双方都愿意在此方面达成协议。

不过，长期来说这是一项非常不确定的合作项，毕竟在中国外汇的市场化改革、国际市场风险以及中美利益博弈之间权衡取舍并不容易。

最后，在中国国有企业及相关控制领域，以及结构性改革方面，中美双方短期内比较难达成合作项。

中国推进大飞机、高铁、通信技术以及做大做强国企是新时代的国家战略，不会轻易改变。美国虽不期望短期内达成合作，但会长期施压中国。更可能的是，美国会通过构建新自由主义全球化秩序、制定新的国际游戏规则来孤立中国。

所以，这一次贸易争端必然是长期的博弈，需要灵活的策略，更需要清晰的战略。

05

美国战略：从金融资本主义到新自由主义

特朗普浮夸的表演和密集发布的推特具有很强的代入感，以至于许多人进入“修昔底德陷阱”之误区。

美国政治从自由主义转向现实主义，这里存在一个分歧：一种观点认为，美国政治和经济都向左，政治上是现实主义，经济上是重商主义、保守主义、国家主义。另一种观点则认为，美国政治向左，但经济依然向右，正在构建新自由主义全球化秩序。

笔者支持后一种观点。每一次全球化大退潮，实际上都是全球化秩序重构之际。美国政治上走向现实主义，正是在酝酿更大的经济上的新自由主义。

特朗普政府试图从根本上扭转经济结构失衡的被动局面，计划建立一个零关税、零壁垒、零补贴的自由贸易区，也正在修订世界贸易组织的规则，重新制定一个新自由主义的全球化游戏规则。

特朗普政府以“美国优先”为原则来构建这一新秩序，首要目的定然是解决国内经济结构失衡的问题，而其种种举措的构想是使美国从“里根大循环”进入“特朗普大循环”。“里根大循环”下的金融资本主义秩序在2008年走入了困局。特朗普政府试图注入“要素全球化、自由化”来改变过去金融全球化、贸易全球化的畸形结构，化解强美元与高赤字之间的矛盾。

事实上，新自由主义秩序的构想在经济学上符合要素价格均等化理论。

在零关税、零壁垒、零补贴、汇率自由浮动、资本自由流通的全球化新自由秩序中，商品、资本、劳动力、技术等生产要素可以在全球市场更大程度地充分配置，从而促进要素价格均等化，缓和因长期价格差而产生的长期贸易失衡或产业结构失衡的矛盾。

如此，美国依然可以在全球金融市场上守住传统优势，同时制造业也能够获得足够的竞争优势，国内经济愈加平衡，而社会矛盾也因此缓解。

当然，由于“特里芬难题”的存在，新自由主义秩序无法从根本上改变经济结构失衡的问题。

因为国家主权货币的世界货币化，定然异化为国际秩序的不平衡以及全球经济结构的不均衡。当今世界美元站在全球经济权力金字塔之巅，手握金融权杖，构建了金融资本主义的势力范围，举手投足就能诱发周期性波动以及形成结构性鸿沟。

这是超主权货币对全球经济利益的攫取与国家主义之间的冲突。

当然，这不妨碍一个要素全球化的国际秩序的进步意义。

不过，2021年，美国民主党人拜登重新夺回了白宫的掌控权，他是全球化现有秩序的捍卫者，所谓新秩序的构建遥遥无期。这也给中美关系增加了一些不确定性。

透过大国政治博弈的波诡云谲，我们需要以战略逻辑与底层规律思维，全面思考在未来“全球开放经济体”中，中国该如何参与新自由主义国际秩序。中国需要融入新的秩序，在新秩序中找到新的地位与竞争力。

所以，这次历史性的大国博弈与秩序重构，带给中国真正的考验将是国本的消耗风险、“堰塞湖”的崩溃风险以及政策性增长方式遭遇国际新秩序的阻碍风险。

06

中国挑战：如何在新自由主义秩序下构建新的生存逻辑

在全球明斯基时刻、新自由主义国际秩序重构与中美“修昔底德陷阱”三方纠缠中，新秩序建设联盟或反危机联盟在大国博弈中诞生，将掀起百年历史大脉冲。这一宏大的主题映射到与个人相关的命运上，便是中国资产与美国资产的世纪对决。

中国经济经过几十年的高增长积累了一定的资本，那就是高外储、高储蓄、高国储（高国有资产储备），这可以概括为中国经济的三大压舱石。

这三大压舱石有助于缓冲经济衰退和不确定性，其中高外储可以缓冲外汇波动、国际市场冲击及外贸环境恶化，高储蓄可以缓冲国内消费与投资需求不足以及家庭债务风险，高国储可以缓冲政府债务风险及社会保障等公共用品不足。

这三大压舱石与我们的举国体制有相当大的关系，包括国有企业制度、国有银行体系、资本管制、汇率管理、货币政策、财政政策、产业政策等。这些政策和体制，起着守闸门、调节奏、加杠杆、强刺激的作用。

在全球化开放经济体中，没有了资本管制和汇率管理的屏障保护，货币政策与财政政策的效果将大打折扣，金融市场愈加受到国际市场的扰动。

如何在全球化开放经济体中构建全新的国际生存及竞争逻辑，是中国经济未来最大的挑战。在全球化开放经济体中自由搏击，这是一条我们从未走过的艰难之路、阵痛之路，需要筚路蓝缕以启山林的智慧与勇气。

第一，中国需要更主动、积极地参与全新的国际贸易秩序的建设。

中国在国家战略层面提出粤港澳大湾区的建设，这个湾区可作为参与全球化新秩序构建的排头兵。

抓住秩序重构的窗口期，将粤港澳大湾区打造为新国际秩序下的新自由贸易区。深圳前海、珠海横琴与广州南沙三大自贸区，可借香港自由港及国际金融市场之桥梁，积极与国际接触、接轨，参与新规则的制定，打造新秩序下的自由贸易区。

如此有接触、有了解、有参与、有风险地隔离，可化被动为主动，进退有度，为国内改革有序推进赢得时间，争得相对宽松的国际环境，避免被新规则排挤在外触发需“二次入世”的风险。

第二，在中美贸易摩擦、国际新秩序重构以及国内经济下行之际，主动加快国内改革与开放的步伐。

从政策依赖型、投资刺激型、债务拉动型的经济增长模式转向竞争型、创新型及内需拉动型的经济增长模式，是中国改革之路，也是适应国际新秩序的开放之路。

参考文献

傅军. 从理论、战略到政策[N]. 社会科学报,2019-01-17（3）.

中美关系之世界秩序

2020年，世界变了。

大疫之下，各国临时“闭关锁国”，设法组建本土产业链，回归经济主权。世界正在“逆全球化”。同时，国家斗争白热化，政治权威、民族主义崛起，意识形态斗争激烈，“甩锅”比赛替代了东京奥运会。

很多人感觉到，过去的全球化秩序正在解体，2020年成为“历史的分水岭”。

全球化秩序存在哪些问题？又是如何崩溃的？疫情之后的世界将如何演变？到底是逆全球化，还是重构更高级别的全球化模式？

本部分深入全球化的内在矛盾，透视全球化秩序变迁。

01　脆弱性与反脆弱

经济全球化与民族国家之矛盾

新冠肺炎疫情印证了全球化，同时也正在压垮全球化秩序。

全球化的过程，是一个国家主权不断向外让渡的过程。从贸易全球化到金融全球化、要素全球化，再到生活全球化，全球化程度越高，国家主权越弱。

可见，经济全球化与民族国家之间存在天然的矛盾。

理想的全球化是没有国界的全球化，是个人、家庭、企业及社会组织之间网络密布的信息、商品、资本、科技及情感交流。

但是，由于交易费用的存在，全球化并不是均衡的，更不是人人受益的。当今世界，人们还无法脱离国家而存在。

在全球化时代，国家应该扮演什么样的角色？

这是一个严肃的命题。

在当今的全球化世界中，经济全球化与民族国家存在两组矛盾：

经济全球化与政府权力之矛盾

1951年，法国、联邦德国、意大利、荷兰、比利时和卢森堡六国在巴黎签署了《欧洲煤钢共同体条约》，决定建立煤钢的共同市场。

欧洲煤钢共同体是世界第一个“超国家”机构。加入这个机构，意味着国家煤钢开采与支配主权无法独立自主。

如今，欧洲基本实现了一体化，欧元区成员国已让渡了关税、货币及部分财政、外交、国防主权。

全球化对国家主权的打击，首先是对政府权力的削弱与制约。

在加入全球化前，政府垄断了国家权力，扩张多少货币、发行多少政府债券，政府说了算。加入全球化后，各国政府的权力被削减，政府之间相互竞争与合作。因此，一些国家的政府主动排斥全球化，或仅将全球化作为一种工具。

在非洲、中东、亚洲、南美等一些国家，政府并不愿意过度参与经济全球化。即便全球化能够改善国民的生活，这些政府也可能拒绝全球化。相反，他们倾向于唤起国家主权、民族意识，以避免手中的国家权力受到制约。

如此一来，各国全球化程度差异巨大，全球化与民族国家的矛盾更加突出。

例如，欧洲谴责巴西放任亚马孙雨林火灾蔓延，巴西总统则认为这是巴西主权，他国无权指手画脚。欧洲人渴望“地球之肺”的新鲜空气，巴西政府考虑的是当地农民的生计，默许火烧雨林开垦农田。

七国集团表示，愿意筹措2000万欧元帮助亚马孙灭火。巴西总统对此嗤之以鼻，并称西方援助是“帝国主义侵犯主权，另有所图”。

又如，关于疫情信息问题，各国政府争议巨大。疫情信息是不是国家主权？如果世界是隔绝的，俄罗斯是否公开信息与他国无关。但在全球化时代，疫情信息定然超越国家主权，应成为全球共享的信息。任何国家政府都不能以国家主权之名隐瞒疫情信息。

再如，关于疫情的防控模式，各国争议同样巨大。疫情能否有效防控，取决于防控最差的国家。如果防疫最差的国家政府不作为、乱作为，他国能否对其“指手画脚”？这个国家的政府能否以他国干涉国家主权之名反击？

当今的世界，“一人得病，全球遭殃”，疫情全球化对国家主权构成了挑战。

全球化风险与国家治理弱化之矛盾

全球化主要是由自由市场推动的，但是自由市场伴随着各种外部性风险，比如空气污染、难民问题、种族融合、金融危机、病毒“世界大流行”。

如何应对全球化风险？

全球化程度高的国家，其国家主权及政府行政权力被弱化，这一弱点在疫情面前被放大。

疫情来袭，这些国家政府无法立即封城、宵禁、停产。在欧洲，德国、法国、意大利等任何一个国家若采取这种模式，对他国的经济打击都难以想象。但是，一旦一个国家被攻陷，若不采取有效措施，对他国来说同样是灾难。

全球化导致国家治理弱化，难以应对全球化风险。全球化程度高的国家如美国等，被病毒传染的风险更大。这就是全球化的脆弱性。但这并不是支持反全球化、逆全球化。

国家治理弱化的部分应该由国际组织填补，但是国际组织的全球化治理退化，给病毒留下了一个巨大的漏洞。

如今的国际组织脆弱不堪，世界贸易组织缺乏应对疫情的预案，世界卫生组织在这次疫情中的表现备受争议。

欧盟算是比较成功的国际化组织，但是依然在这次疫情中暴露了缺陷。意大利防控失利主要原因是医疗资源不足。意大利长期受债务危机困扰，政府没有足够的资金扩充公共医疗资源。意大利政府的财政赤字受欧盟约束，财政扩张受制于欧元区货币扩张。这是欧盟强货币与弱中央财政的治理矛盾问题。

为了规避疫情全球化风险，各国开始退缩到国家主权、经济主权的界限之内，政府趁机强化行政权力。欧美很多自由主义学者担心，疫情过后是否会带来大政府主义，生活在“皮下监视”之中。

当前，各国出台了临时防御法案或行政令，防控模式及执法程度差异巨大。这可能引发国家主权及公民权冲突。

比如，新加坡对防疫违法严惩不贷，若他国公民遭遇新加坡政府制裁，是否涉嫌侵犯他国公民权？

美国前国务卿基辛格曾指出经济全球化与民族国家的矛盾：“这个世界的政治组织和经济组织不同步。国际经济体系已经全球化，而世界政治结构还是以民族国家为基础。”

全球化经贸关系是由无数个市场契约构成的，是建立在理性之上的。但是，民族国家中的意识形态、民族主义、群体非理性及国家力量，对全球化并不友好。

理论上，全球化对所有国家都有利。现实中，全球化大多数冲突均源自外部性。

全球化对后发国家有利，因为信息、知识及通用技术具有外部性，后发国家可获得大量现成的知识及技术转移。但是，一些后发国家可能会借助这一外部性，引发知识产权争端。更可怕的是，这种行为被伪装为“后发国家赶超发达国家”的经济学理论。

全球化对发达国家也有利，因为发达国家的货币具有外部性。但是，一些发达国家往往利用其货币作为“世界货币”的垄断优势，从全球攫取铸币税。

实际上，在全球化时代，国家应该从民族国家演变为契约国家。

国家存在的价值是帮助国民与他国签署共同契约，以降低全球化交易的费用。具体职责包括共建全球化秩序，组织、协商关税及竞争规则，打击国际犯罪，等等。

02 旧秩序与大变革

全球化秩序与个体利益之矛盾

虽然经济全球化与民族国家存在天然的矛盾，但是二者相互磨合，全球化不会崩溃，会吸纳更多“民族性”，民族国家亦会在全球化中逐渐转型。

但是，全球化秩序会崩溃。

当前的全球化秩序始于“二战”后，在20世纪八九十年代充分发展，在2008年金融危机中开始崩溃。中美贸易摩擦是全球化秩序矛盾的焦点，新冠肺炎疫情或许是压垮全球化秩序的最后一根稻草。

这个维持了70多年的全球化秩序，由联合国、世界贸易组织、国际货币基金组织等国际机构维系，是人类大规模协作的丰碑，给世界带来了长久的和平与繁荣。

比如承认民族自决权，结束了殖民统治。《联合国宪章》将“发展国际以尊重人民平等权利及自决原则为根据的友好关系”确立为联合国的宗旨之一。

不过，维持这一全球化秩序的压舱石是贸易全球化（注意：本部分讨论的全球化秩序主要指全球化经贸秩序及国际货币体系）。

朝贡体系、政治联姻、军事同盟均无法持续维系国家关系，唯有网络密布的经贸关系才是两国关系的压舱石。

20世纪80年代开始，金融化、信息化及跨国公司三股势力掀起了全球化大潮，新兴国家加入其中，全球化一日千里，贸易规模迅速膨胀。

如今，经贸这块压舱石如此厚重，全球化秩序为何依然岌岌可危?

主要原因是经济全球化本身存在两大难以克服的矛盾：

贸易全球化与法定货币之矛盾

当今贸易全球化秩序是以美元为基石的秩序。但是，这一秩序存在一个致命的问题，那就是“特里芬难题”。

欧洲国家抓住这一弱点，用大量的美元向美国兑换黄金，导致美国黄金亏空，爆发美元贬值危机。最终，尼克松总统在1971年宣布美元与黄金脱钩，导致布雷顿森林体系崩盘，国际汇率动荡不安，重创全球化秩序。

后来，世界进入信用货币和浮动汇率时代，美元无须咬紧并刚兑黄金，美联储获得了更大的灵活性。但是，“特里芬难题”依然存在。

在出口美元与出口商品间，美国选择出口美元。最近40多年，美国保持相对强势，贸易逆差持续扩大，本土制造业出现空心化。由于美元不再是刚性兑付，他国无法像布雷顿森林体系一样直接兑换黄金导致美元贬值。

但是，实体产业空心化会慢慢侵蚀美元的信用基础。为了维持美元的信用，美国不得不在军事、金融、国际政治及公共用品建设上持续增加筹码。如此，美国政府发行大规模的国债，他国用美元购买其国债，使美元回流到美国本土。

但是，大规模的国债其实是在透支国家信用，最终亦无法支撑美元。所以，如今的全球化秩序依然无法解决“特里芬难题”。

“特里芬难题”的本质是，美元作为美国的主权货币，又是“世界货币”。依靠主权国家货币来支撑国际清偿能力的货币体系，定然因“特里芬难题”而走向崩溃。而且，目前还没有出现成熟的替代方案。

这体现了贸易全球化与货币主权化之间的矛盾。“特里芬难题”如鲠在喉，是全球化秩序崩溃的内在动因。

资本全球化与劳动力本土化之矛盾

现行的全球化秩序中，还存在一组尖锐的矛盾：资本全球化与劳动力本土化之矛值。

资本是天然的生产要素，但是劳动者不是天然的生产要素。资本为逐利而生，无国界；但劳动者首先是一个社会人，然后才是劳动者（经济人），而且是有国籍的劳动者。

在全球化时代，资本与劳动力自由度差异形成了一道财富裂痕：资本可以在全球自由配置，在全球获取利润。但是，劳动者由于受到国籍等限制，无法在全球自由配置。

比如，美国的企业因本土工资高，将资本、设备、工厂转移到工资更低的中国，然后赚取利润。但是，美国和中国的工人却无法在全球自由流通。中国的工人无法到美国就业赚取高工资；美国“铁锈地带”的工人无法到中国来就业，只能处于失业状态。

一旦这个国家的产业及工厂都迁移到海外，而这些工人又无法到他国就业，他们就将面临失业。工人重新培训再就业的门槛往往很高，转业的成本阻碍了劳动力在不同行业间流通。

反过来，埃克森美孚、苹果、摩根大通、高盛等跨国公司在全球获利丰厚。

英国经济学家斯拉法“用商品生产商品”的经济逻辑推测：“经济增长的结果，将是工资在国民收入中所占的比重下降，工资与利润之比朝着不利于工资的方向变化。”

如今全球贸易基本以比较优势为基础。有人感叹中国劳动力价格上涨，比较优势正在消失。其实，长期维持一种比较优势是有问题的，说明这两个国家存在限制要素流通的因素。

李嘉图的比较优势理论有一个前提是两国之间要素不流通。中国一直维持低薪酬，说明工人无法自由流通到国外谋取高薪酬。诚然，资本的全球流通可以平抑中美劳动力市场的价格。但是，劳动力的限制性流通，极大地扭曲了两国的工资价格。

这两组矛盾会造成什么样的后果？

这两组矛盾共同导致经济结构失衡、贫富差距扩大，即华尔街纸醉金迷与“铁锈地带”一片凋敝。“特里芬难题”和资本全球化，有利于美国金融产业发展。跨国公司在美国享受廉价的美元，在中国享受廉价的劳动力，同时还享受各国低廉友好的资本税。

而“特里芬难题”和劳动本土化，导致美国制造业空心化、工人失业及中产阶级萎缩。美国的贫富差距正是从20世纪80年代开始，伴随着全球化的发展而迅速扩大的。

自1997年以来，美国制造业就业人数下滑了大约30%，而1973年至2017年，全球化加速的40多年中，美国生产率在提高了77%的同时，工薪阶层工资仅有12.4%的增长。

1980年，美国收入前40%的家庭的平均收入是收入后60%的家庭的平均收入的4倍。到2016年底，两者的收入之比扩大到了10倍。

世界银行绘制的“大象曲线”说明，过去40多年，银行家、跨国公司股东等全球财富占比前1%的富人，其财富迅速增加，而原来全球财富占比10%~25%的中产阶级则快速萎缩。

可见，这种全球化秩序是一个高美元、高赤字、高债务、结构失衡、贫富悬殊的国际秩序。这一秩序的获益者是建制派、华尔街及跨国公司，受害者是美国制造业、蓝领工人及中产家庭。它体现了全球化秩序与个体利益之间的矛盾。

这一秩序最终引爆了2008年金融危机。

美联储长期以“不对称操作”为金融界输送美元，持续积累金融风险。小布什政府时期，为了缓和社会矛盾，让穷人能够买得起房，鼓励次级贷款，最终引发了次贷危机。

金融危机后，全球化秩序逐渐走向崩溃。

基辛格说：“每一种国际秩序迟早都要面对挑战其凝聚力的两种倾向的影响，要么重新界定合法性，要么均势发生重大变化。当支撑各种国际安排的价值观被根本改变时，就会出现第一种倾向。”

金融危机后，欧美国家民粹主义崛起，美国蓝领工人试图借助选票政治来改变生活处境。底层民众呼吁平等、公正的价值观，开始颠覆过去的全球化秩序。

奥巴马政府试图通过扩大转移支付、推动医保改革，来改善低收入者的处境。特朗普的做法比奥巴马极端得多，他一边扩大转移支付，一边试图彻底打破原有的全球化秩序。

特朗普在2017年就职时说："长久以来华盛顿的一小群人攫取了利益果实，代价却由人民承受。华盛顿欣欣向荣，人民却没享受到财富。政客们塞满了腰包，工作机会却越来越少，无数工厂关门。建制派保护的是他们自己，而不是我们国家的公民。"①

但是，特朗普打破的这个秩序，不仅仅是美国的秩序，更是全球化的秩序。大洋彼岸搞斗争，"掀了桌子"，冲击到了中国。

疫情加速了这一秩序的崩溃，加剧了中美关系的对立。

逆全球化背后的实质是旧秩序的崩塌。

03 破坏者与重构者

全球化治理与既得势力之矛盾

特朗普到底是全球秩序的破坏者，还是重构者？

这是一个需要刨去意识形态认真思考的问题。

特朗普上台3年多在全球"退群""开战"，故意让世界贸易组织仲裁机构停摆，切断世界卫生组织的资助，彻底打破旧秩序。

旧秩序的既得利益者，如建制派、银行家、精英阶层及国际政客，对特朗普恨之入骨；旧秩序的失意者，又渴望他能够带来改变。

2008年后，全球化大回潮，特朗普加速了旧秩序的崩塌，动摇了国际经贸关系这一压舱石。

---

① 2017年1月20日，特朗普就职演讲。

大疫之下，各国正在临时构建本土供应链，美日政府试图趁机吸引工厂回国。

我们担心，经济全球化的稳定力量正在削弱，日渐萎缩的贸易规模及恶化的经贸关系正在一步步逼近两国硬脱钩的临界点。

1909年，欧洲有一本畅销书《大错觉》说："欧洲国家的经济相互依存，彼此之间发生战争是无用的，因此也不可能发生战争。"

5年后，欧洲爆发了第一次世界大战。

后来，《世界是平的》作者托马斯·弗里德曼说："在全球化时代，任何两个拥有麦当劳的国家都不可能彼此开战。"

过去40多年，中美经贸迅速发展，美国是中国第一大贸易国，中国是美国重要的贸易国和投资国，两国经济总量之和占全球的40%。

很多人由此判断，中美两国不可能硬脱钩。不过，两国庞大的贸易规模掩盖了两国经贸关系的脆弱性。

过去40多年，中国以贸易全球化为主，金融全球化与要素全球化落后。中美关系主要是浅层次的贸易关系，两国要素流动程度很低，金融、科技、制度及高级商务等深层次的合作相对较少。

全国人大财经委原副主任黄奇帆指出："中国近200万亿元的金融资产中，外资金融机构只占1.8%。与之相比的是，在同样近200万亿元的工业、商贸资产中，外资企业占到了30%。"①

换言之，中美经贸关系仅仅是浅层次的贸易，中国很少他国不可替代的商品及技术贸易。

工信部原部长苗圩曾说，"中国制造"不像我们想象中的那么

① 2019年第十八届中国企业领袖年会上，黄奇帆演讲。

强大，西方工业也没有衰退到依赖中国的程度。我们的制造业还没有升级，但制造业者却已开始撤离。

如果美国政府真提供“搬家费”，这些工厂会撤离吗？

有些人很自信，中国的劳动力及供应链优势没有任何一个国家能够取代。有些人则表示担忧。

未来，中美两国经贸关系到底怎么走，取决于两组矛盾：

中国：旧秩序与改革开放之矛盾

经济学告诉我们，人是在边际上做选择的。当前，中美关系不会因为某一个人、某一件事突然脱钩，但是每一件事都在增加边际成本及边际收益。当边际成本等于边际收益时，关系进入临界点。

假如美国政府真会出“搬家费”，这相当于增加了美国企业回迁的边际收益，加大了回迁的筹码。反过来，中国政府该拿出怎样的筹码，增加美国企业留在中国的边际收益呢？

特斯拉为何在中美贸易起争端之际来华投资？贸易争端开始时，马斯克指责中国汽车产业门槛太高，外商投资必须与国企合资，还得国企控股。

之后，中国给特斯拉一路开“绿灯”，要贷款给贷款，要地给地，要政策给政策，并且允许特斯拉以独资的方式在华经营。特斯拉从投产到下线，用时不到一年。

政府需要通过改革让利构建公平的营商环境，以吸引、留住各类资本，包括外资与中国私人资本。中国的改革需要从过去的“特区”及特殊政策，转向全方位的、公平性的制度建设。李克强总理说："没有更大力度的改革开放，外贸外资是稳不住的。"[①]

疫情以来，意识形态已成为全球化交易费用的一部分。中国需要摆脱这方面的干扰，进一步加大改革开放的力度，降低中国吸引、留住美国资本及国内资本的边际成本。疫情期间，李克强总理说："下一步要实现恢复性增长，还得靠更大力度的市场化改革，靠更大力度的对外开放"，"越是遇到困难，就越是要扩大改革开放"。

最重要的是，中国将加大改革开放力度，深度融入国际产业链分工，参与世界贸易组织的改革，建立更加公平竞争的国际秩序。

美国：旧秩序与底层势力之矛盾

特朗普可以确定为旧秩序的破坏者，但是不是新秩序的建立者?

打破旧秩序容易，建立新秩序困难。

新秩序是一个怎样的秩序?

就经贸秩序而言，特朗普试图联合北美、欧洲及日本建立"三零"贸易区。如果"三零"贸易秩序建立，这将是对过去失衡的全球化秩序的颠覆。

新秩序能否建立，取决于新旧秩序的力量对抗。目前，旧秩序中存在较强的两股力量：

一是世界贸易组织。

世界贸易组织是建立和维护过去的全球化秩序的经贸机构，如

① 2020年3月10日，李克强总理主持召开国务院常务会议。

果“三零”秩序建立，意味着世贸组织被抛弃。中国如果没能加入“三零”秩序，意味着将面临“二次入世”。

当然，欧美日也是两条腿走路，构建“三零”贸易区的同时，也在推动世贸组织的改革。欧美日三方对WTO的改革已经达成了基本共识。

具体怎么改?

就在中美签署第一阶段经贸协定的同时，美国、欧盟和日本向世贸组织提交了一份改革方案，即《补贴和反补贴措施协定》。

这个方案针对的是世贸组织的反补贴改革，对国家补贴行为做了严格的限制。比如说补贴透明化，禁止对他国产生负面效应的补贴，对国有企业的补贴做了更加严格的限制，还包括遏制强制技术转让，等等。

2020年2月10日，美国贸易代表办公室宣布取消包括中国在内的25个经济体的WTO发展中国家优惠待遇。这可能是美国重塑全球贸易规则的标志性事件。

若欧美日选择在世界贸易组织的框架内，通过改革规则来修正现有经贸秩序，那么世界贸易组织的地位依然还在，中国的压力相对小一些。

不管是“三零”规则，还是世贸组织的改革，全球化经贸秩序的重构或改革，已是大势所趋。

二是民主党候选人拜登。

2020年11月美国总统大选，决定全球经贸秩序的走向。

目前，拜登的执政中断了“三零”贸易秩序的建立。拜登的选择是在世界贸易组织框架内适当改革，并捍卫旧秩序的既得利益。

对于欧美日来说，实现“零关税、零补贴、零壁垒”并不算太难。“三零”规则有助于缓解全球化经济失衡，缩小美国的贸易逆差，加快要素自由流通，降低全球化交易费用。

若中国没能加入这一体系，或面临“二次入世”风险。中美之间不大可能硬脱钩，但会“软脱钩”。中国与欧美日依然有经贸往来，但不在一个体系内（如“入世”之前），或形成“中国+东南亚及新兴国家（桥梁）+欧美日体系”的世界经贸格局。

不过，“三零”秩序只是经贸秩序，还需改革国际货币体系。如果国际货币体系不改革，“特里芬难题”依然存在，旧秩序的顽疾无法根除，美国的资产泡沫及债务问题依然突出。

而货币体系才是旧秩序问题的根源所在。特朗普的执政政策建立在财政货币化融资基础上，特朗普既没有动力，也没有权力去改变这一体系。反过来，特朗普大幅度扩张财政，满足对选民承诺，只会加重债务危机。

旧秩序正在崩塌，新秩序的建立任重道远，中国当以改革入围。

基辛格在疫情期间发文：“我们生活在一个新纪元。各国领导人面临的历史性挑战是，在应对危机的同时建设未来。失败可能会引火烧身。”

参考文献

[1] 基辛格. 世界秩序[M]. 胡利平,译. 北京：中信出版社,2015.

[2] 斯拉法. 用商品生产商品[M]. 巫宝三,译. 北京：商务印书馆,1997.

大家治学

治学，“博学之、审问之、慎思之、明辨之，笃行之”

观大家治学，如晨钟暮鼓、拂尘之音，往往雄浑悠远、激荡人心

而相对其他学科的学者，经济学家们往往更有趣、入世　他们关注一块面包、一棵橘树的价格变动，也痴迷于丝丝入扣、一丝不苟的逻辑推演

走近经济学家，触碰乐观、理性的人生之光。

大卫·李嘉图与他的比较优势理论

大卫·李嘉图是第一位政治经济学的集大成者。

亚当·斯密终其一生，留下了巨著《国富论》，开启了现代经济学。李嘉图是斯密学说的最佳阐释者。他用演绎的方式，更清晰和完整地阐释了政治经济学的框架和内在逻辑。

李嘉图的《政治经济学及赋税原理》一书，在斯密的基础上提出了比较优势理论。这一理论，至今仍是国际自由贸易的理论基石。而后，诸多学者对这一理论进行研究，衍生出更多结论，都可让我们对当今复杂的全球化有更深刻、清晰的理解。

01
李嘉图其人

1772年，大卫·李嘉图出生在英国。父亲是一位股票经纪人，14岁的李嘉图便随父从事证券交易。受父亲熏陶，李嘉图自小有商业天赋，25岁时就已经在股票市场上赚到了200万英镑。年纪轻轻就实现了财务自由，李嘉图将大量的精力投入了学术学问。

1799年，李嘉图偶然阅读了亚当·斯密的《国富论》，被书中的经济学理论深深吸引，他很快就转向政治经济学的研究。这个时候，斯密已经去世9年了。

虽然李嘉图之前没有受过专业学术训练，也不擅长写文章，这给他带来一些难题，但幸运的是，他遇到了一位非常优秀的朋友，那就是詹姆斯·穆勒。

詹姆斯·穆勒是另一位古典主义经济学的集大成者斯图亚特·穆勒的父亲。老穆勒出身比较低微，到了40岁才有机会研究政治经济学。不过，他是一个严谨严厉的学者，还同时在《爱丁堡评论》担任主编。

早期，李嘉图从詹姆斯·穆勒身上学到了大量的经济学理论。老穆勒发现李嘉图的天赋很高，对斯密学说的理解非常到位，而且口才极佳，擅长演绎。于是，他反复鼓励、督促李嘉图把自己的观点写下来。李嘉图写作才华有限，一开始写得很艰难。李嘉图在27岁时研究经济学，等到37岁才发表了第一篇经济学论文。

不过，在之后的14年里，在老穆勒的帮助下，李嘉图写出了大量的著作、文章、笔记、书信，发表了不少演讲。1817年，李嘉图发表了《政治经济学及赋税原理》一书。这本书奠定了他作为古典主义大师的历史地位。此书发表6年后，李嘉图因感染耳疾而意外去世，年仅51岁。

老穆勒一生都极其推崇和拥护李嘉图学说。李嘉图去世后，老穆勒也一直为他的理论辩护。老穆勒还严格要求自己的儿子小穆勒钻研李嘉图学说，他的儿子没有辜负他的期望，最终成为古典主义最后一位集大成者。

在短暂的学术生涯中，李嘉图涉猎范围很广，斯密论述过的，他都涉及了。李嘉图是斯密思想最有力的传播者和阐释者。与斯密的经验主义不同，李嘉图的演绎方法论让政治经济学的逻辑更加严密和可靠。

02
比较优势之说

在李嘉图的学说中，比较优势理论十分著名。直到现在，该理论仍被作为解释国际自由贸易的重要依据。

这一理论的诞生，有一些现实背景。当时，受战争影响，英国大量的谷物进口刹车，谷物供给更多依赖国内；由于供应不足，谷物价格上涨。到1814年战争结束后，谷物进口量加大，价格开始下跌，地主对此感到不满。他们提出，应该对谷物实施强制性的进口关税。1815年，英国就推行了这项法案，即《谷物法》。

该法案规定，在英国粮价每夸特低于80先令时，绝对禁止粮食进口。只有在达到或超过这一价格的情况下，才准许从国外自由输入粮食。

李嘉图则反对《谷物法》，支持自由贸易政策。李嘉图不仅商业天赋非常敏锐，而且善于观察和演绎，他将对经济问题的剖析上升到了抽象化的层面。为了充分解释阐述自己的观点，他深入研究后提出了比较优势理论。

亚当·斯密认为，一国生产什么，另一国生产什么，是由各自的绝对优势决定的。但是，李嘉图不这么认为。他提出了一个问题：如果一个国家对另外一个国家各方面都存在绝对优势，那么这两个国家就不发生贸易了吗？

李嘉图观察的结果是，这两个国家还是会发生贸易。如何发生呢？

与斯密一样，他也是从劳动分工出发进行分析的。李嘉图假定：制1单位布，英国需要50个劳动日，葡萄牙需要25个劳动日；制1单位酒，英国需要200个劳动日，葡萄牙只需要25个劳动日。可以看出，葡萄牙制酒、制布所需的成本都比英国绝对低，即都处于绝对优势。不过，葡萄牙在制酒的生产中比在制布的生产中的优势差更大，其制酒成本相对低，处于比较优势，制布成本相对高，处于比较劣势；而英国制布成本相对低，处于比较优势。

在这种情况下，英国放弃生产处于比较劣势的酒，专门生产处于比较优势的布。两国这样的产业分工，使它们合起来不仅可以生产出更多的酒和布，英国还可以用布换到较多的酒，而葡萄牙用酒可以换到更多的布。两国同时获得国际分工与国际交换的好处。这就是李嘉图的比较优势理论，他在《政治经济学及赋税原理》中提出了这个理论。

这个理论可以用一句话来概括，那就是“两利相权取其重，两弊相权取其轻”。李嘉图说：“在一个具有充分商业自由的体制下，每个国家都把它的资本和劳动置于对自己最有利的用途上。”李嘉图的意思是，只要国家不干涉，要素资源可以得到最充分有效的利用，各国之间发展自由贸易，对各自国家都有好处。李嘉图将斯密的劳动分工理论扩大到国际分工之中，从而发展了斯密的绝对优势理论。可以看出，李嘉图是一个自由贸易学者，他支持国际贸易，反对贸易保护主义。换言之，李嘉图的比较优势理论是反对《谷物法》的重要理论武器。

李嘉图不仅是一个书斋里的学者，也是他那个时代的社会活动家。

他短暂担任过议员，希望通过自己的影响力，反对政府干预，反对《谷物法》，发展自由贸易。李嘉图认为，英国不仅要从外国进口粮食，而且要大量进口，因为英国在纺织品生产上所占的优势比在粮食生产上优势还大。故英国应专门发展纺织品生产，以其出口换取粮食，取得比较利益，提高商品生产数量。

《谷物法》推行后，英国的粮食涨价，工人的生活成本增加，联合起来向工厂主要求提高工资。于是，反对《谷物法》的力量开始增加，最终形成一股庞大的政治同盟。经过几十年的斗争，在1846年，这项法律最终被废除。《谷物法》的废除，以及后来《航海条例》的彻底废除，属于标志性事件。它意味着英国正式进入全球自由贸易时代。

03 全球化之误

今天，我们依然使用李嘉图的比较优势理论来解释全球化自由贸易的合理性。然而，在现实情况中，许多人对李嘉图的理论存在误解。

李嘉图比较优势理论存在严格的前提假设。他提出了九个假设，其中有几条很重要：国家之间存在某种特征差异；各国的比较利益静态不变，不存在规模经济；生产要素在一国国内可以自由流通，在两国间不能流通；不存在技术进步、资本积累和经济发展。

可以看出，李嘉图的假设已经明确了这个理论是在静态分析前提下。后来的国际贸易理论，基本上是在李嘉图的九个假设条件的基础上发展起来的。

经常有人说，俄林的理论颠覆了李嘉图的比较优势理论。其实，这样的表述并不准确，经济学和物理学类似，很多理论的发展并不是颠覆了前面的理论，而是在改变前面理论前提假设条件的基础上发展出来的。

这说明两点：一是前面的理论在其假设条件下依然是正确的；二是新的理论在新的假设条件下是正确的。

比较优势理论也是如此。后来国际贸易理论的发展，主要是在两个方面的假设前提下的突破：一是国家之间的差异是怎么来的，是天然禀赋差异，还是规模经济，抑或是技术进步；二是国家之间的生产要素自由流通会怎样。

关于第一个假设前提：

1933年，瑞典经济学家俄林在赫克歇尔的理论的基础上提出了要素禀赋理论。他们认为，国家间要素禀赋的相对差异以及生产各种商品时利用这些要素的强度差异决定了各国的比较优势。比如，过去中国的劳动力丰富，资本更愿意集中在制造廉价商品上，比较优势是出口廉价商品；中东国家的石油丰富，资本更愿意集中在石油产业上，比较优势是出口石油。

不过，要素禀赋不能解释很多现象。比如说，日本是一个要素禀赋比较贫乏的国家，但是它成为一个发达国家。相反，还有一种现象叫“资源诅咒”——一些资源丰富的国家，它们的要素禀赋没有发展成为比较优势。

后来，经济学家赫尔普曼和克鲁格曼使用规模经济来分析比较优势。这两位经济学家的分析框架包含两部分的内容：一个是斯密—杨格的分析，即“一个国家的国内市场大，有助于促进产业分工和经济规模，这种国家容易建立比较优势”；另一个是从技术专业化的角度，建立内部规模的递增效应。

具备突破性的是，赫尔普曼和克鲁格曼这两位经济学家已经探索到了技术的层面。在此之前，赫克歇尔和俄林提出的要素禀赋，更多是从外生优势，即先天优势的角度来考虑。但是，赫尔普曼和克鲁格曼已经探讨到了内生优势，而且还是一种动态的分析。

中国的经济学家杨小凯和博兰更进一步，从专业化和分工的角度探索了内生性比较优势：交易费用越低和分工越精细，专业化程度越高，比较优势越明显。这其实就是技术内生性优势的另外一种表述。

再看第二个假设条件的改变：

赫克歇尔和俄林的伟大之处在于他们发现了在要素自由流通的情况下，要素禀赋的天然优势会逐渐消失，要素之间的价格差异会逐步缩小，也就是要素价格趋于均等化。

要素价格均等化包括两条路径：一条是直接路径，也就是生产要素的国际流通；另一条是间接的，也就是商品的国际流通。后来，萨缪尔森通过实证来解释这个理论，这就是要素价格均等化理论。这也是一种动态的分析。

要素价格均等化的过程其实很容易理解。比如，澳大利亚的铁矿石丰富、价格低，这会吸引大量的全球买家，铁矿石价格也会提高，与其他地方的铁矿石价格趋于均等化。又如，中国的劳动力很丰富、价格低廉，这会吸引大量的资金来中国投资工厂，劳动力需求增加、供给不足，劳动力价格也会上升，与其他地方的价格趋于均等化。虽然澳大利亚和中国的天然禀赋优势还在，但不可否认的是国际贸易加剧了要素价格均等化。

回溯这一理论的发展脉络，其实，国际贸易理论的发展是在李嘉图比较优势理论的假设条件上做文章的。

把李嘉图提出的假设条件基本去除，我们会发现一个非常清晰的现象：在一个开放经济体中，在一个要素自由流通的国际市场中，各国要素禀赋的天然优势会逐步消失，价格会趋于均等化，各国的比较优势会逐步丧失；同时，各国也在建立新比较优势，而新的比较优势来源只有一个，那就是技术创新。

虽然在全球范围内，各国的天然要素禀赋优势依然存在，但是要素全球化流通越自由，交易费用越低，要素的天然禀赋优势越弱，价格越趋于均等化。技术创新正在不断地挑战要素禀赋的优势。

中东的石油丰富，要素禀赋优势明显，价格也便宜。但是，页岩气技术的进步削弱了中东的要素禀赋优势。不可否认，中东石油的开采成本依然远低于页岩气的开采成本，但是页岩气给中东石油设置了一个高压线，抑制了石油价格疯狂上涨。

这个理论的消极应用在于，一些国家意识到开放经济、国际贸易会削弱自己的要素禀赋，为了守住自己要素禀赋优势，它们不愿意全方位开放经济，给国际贸易设置各种门槛，给要素禀赋流通设置各种限制。这是一种典型的贸易保护主义。

贸易保护主义带来了非常糟糕的结果。虽然商品的全球化流通也促进了要素价格均等化，但是如果给要素的全球化流通，尤其是劳动力、资本和技术的全球化流通设置重重障碍，将会大大提高交易费用，扭曲贸易平衡，导致资源错配和低效以及贫富悬殊和贸易争端。这种贸易保护主义试图死死守住要素的天然禀赋，阻碍了技术创新。而技术创新，在全球化时代，是真正的比较优势，是对全人类都有利的比较优势。只有从这个角度理解比较优势，才能深刻地理解开放经济体的重要性。

最后，我们需要警惕任何以大义之名行贸易保护主义的行为。在一个开放经济体中，比较优势要消除国家观念、上帝视角。

全球化是个人的全球化。比较优势是个体的优势，是个体持续创新的能力。

参考文献

大卫 · 李嘉图. 政治经济学及赋税原理[M]. 郭大力,王亚南,译. 北京：北京联合出版公司,2013.

新视野

技术革新世界。

新概念、新风口充满了人们对技术突破停滞的渴望，然而，却也让人迷乱其中，真假混淆。

或许，从人类经济行为的角度窥探创新之路，更加透彻。

元宇宙，新赛道

新冠肺炎疫情以来，互联网界在资本市场上沉寂一段时间后，2021年下半年终于成功地制造了一个投资概念：元宇宙（Metaverse）。

受各国隔离政策的限制，人们线上社交、商务与娱乐的需求增加，对虚拟现实的互交性、真实性提出了更高的要求。于是，元宇宙顺势而为，横空出世。

元宇宙的概念诞生于1992年的科幻小说《雪崩》，这个小说描述了一个平行于现实世界的虚拟世界。如今，元宇宙还没有一个相对准确的概念，笔者的理解是，元宇宙是指“在数字世界里可拓展的空间”，包括对虚拟现实、增强现实、区块链、云计算、数字孪生、数字货币、人工智能、大数据等技术及概念的整合。

如此，这个模糊的概念在资本市场上拥有了更大的发挥空间。目前，元宇宙的主要盈利模式是投资股票，以及卖课程、开演讲、办论坛。

不过，对于新事物、新概念、新技术，“短期不高估，长期不低估”是一个相对务实的态度。而分析其背后的一般性逻辑是关键。

本部分从经济学的角度探索元宇宙背后的经济逻辑。

01
元宇宙，它们在做什么

我们先看，拥抱元宇宙的这些企业，它们做了什么。

Roblox被称为“元宇宙第一股”。这是一个成立于2008年的游戏公司，如今是全球最大的在线游戏创作平台。2021年3月，这家公司获得5.2亿美元融资，上市首日市值就突破400亿美元，比一年前翻了10倍。中国腾讯也参与了对这家公司的投资。

Roblox是第一个将“元宇宙”写进招股说明书的公司，它的上市在资本市场上掀起了元宇宙旋风。Roblox的CEO戴夫·巴斯祖克提出元宇宙的8个元素：身份、朋友、沉浸感、低延迟、多元化、随时随地、经济系统和文明。但是，我们主要看它们在做什么。

Roblox提供了一个多人在线创作游戏的平台，上面的开发者超过500万，月活跃玩家超过1亿。用户在上面可以创建游戏，也可以玩游戏。Roblox还发布了两种虚拟货币Robux和Tix。用户可以通过创建游戏和充值获得Robux，但需要扣除部分税金。Tix通过每日登录获得，可将Tix转为Robux，目前Tix已被移除。在这个平台上，Robux作为一种虚拟货币可以正常交易。

Roblox这个平台，很容易让人联想到区块链的公链，尤其是以太坊。以太坊是一个开源的公共区块链平台，用户可以在上面创建合约，也就是程序；同时，使用“Ether”这种加密货币来交易。与区块链公链不同的是，Roblox和元宇宙提供了更加可视化的、更加自由的、应用更加广阔的虚拟场景。

其实，早在2003年，林登实验室推出的游戏“第二人生”就已经有了元宇宙的雏形。在游戏里，用户有自己的虚拟身份，还能创建组织和商品，同时使用一种叫“林登”的货币进行各种交易。2006年，林登币可以与美元互换，用户规模迅速膨胀，平台开始超发林登币。最终，林登币引发了剧烈通胀摧毁了“第二人生”的虚拟世界。

“第二人生”的应用场景更加真实与自由，而Roblox在虚拟货币和可开发的应用场景方面提供了更好的解决方案。

我们再看英伟达。2021年8月，英伟达对外称，它们在4月举办的GPU技术大会上看到的是假黄仁勋。通过视频我们看到，发布会现场是老黄的厨房，老黄穿着标志性的皮衣在介绍英伟达的新产品首款服务器（CPU）——Grace。同时，老黄用了14秒时间宣传他的元宇宙虚拟现实世界。但是，谁也没想到，我们看到的这一切是假的。

英伟达披露，从黄仁勋到厨房的各个细节，都是渲染出来的。当然，黄仁勋也有真人出镜，并不完全是假的。但是，这种骗过了所有人的视频足以让外界感到吃惊，英伟达也做了一次超级营销。英伟达乘机搭上元宇宙的班车，老黄说：“我们正处在元宇宙的风口浪尖上。”

英伟达是全球最大的显卡制造商，它在元宇宙中的定位是提供底层技术，通过显卡、芯片、操作系统、虚拟现实、人工智能等软硬件技术，实现元宇宙的工业级应用场景。比如，它们研发了一款产品叫Omniverse，这是一款端到端的3D模拟生产及协作的平台，被认为是元宇宙工业场景的初级平台。目前已经开始运用到宝马公司的全球工厂中，宝马公司可以通过Omniverse更加真实地模拟生产流水线以及整个工厂的运营，同时可以优化其生产网络，预计可以帮助宝马把生产效率提高30%。

英伟达实际上是将自己的技术与新开发的产品，用“元宇宙”这个概念呈现出来。当然，英伟达提供了底层技术支持，拓展了元宇宙在工业应用场景的想象空间。

再来看马克·扎克伯格。这是互联网界最积极拥抱元宇宙的大佬，他相信，元宇宙将成为移动互联网的接班人。2021年10月，Facebook官宣正式更名为“Meta”。准确的理解是，成立了一个叫“Meta”的母公司控股Facebook。扎克伯格宣称，5年后，Facebook会成为一家元宇宙公司。

扎克伯格押注元宇宙的热情让外界感到有些意外，他到底看到了什么？扎克伯格一直对虚拟现实技术抱有很大的热情，早在2016年，Facebook就以20亿美元买下Oculus，他们在VR业务上的研发投入从每年59亿美元加码到现在近185亿美元。

Facebook虽然还没有做出可以触摸到的元宇宙产品或应用场景，但是，它们在元宇宙消费级应用场景的想象空间，远远超越了Roblox。Facebook是全球最大的社交平台，月活跃用户达到29亿。Facebook可以提供一个全方位的元宇宙消费体验场景，而不仅仅是游戏和社交。正如扎克伯格在《创始人信》中所宣传的那样：在元宇宙，你几乎可以做任何你能想到的事情——与朋友和家人聚在一起、工作、学习、玩耍、购物、创作——以及完全不符合我们如今对电脑或手机的看法的全新体验。

除了英伟达、Facebook，还有一些企业也宣称加入元宇宙。微软宣布在它们的会议和视频通话软件中加入虚拟现实技术，提高企业视频会议的沉浸感，打造“企业版元宇宙”。据说，苹果正在推出VR设备新品。中国的腾讯、阿里、小米、网易均有所行动，另外还包括张家界景区。

从“第二人生”、Robux到英伟达、Facebook，元宇宙试图利用一切可能的技术打造一个还原现实世界、打通现实世界，但又不受现实规则束缚的自由的虚拟世界——最终建立属于元宇宙的生态规则。

为了还原现实，元宇宙打造沉浸式的体验空间，试图在数字世界里复制一个平行世界；为了打通现实，元宇宙试图将身份、社交、购物、娱乐、货币以及资产投资与现实世界匹配、挂钩与捆绑。

当然，目前与元宇宙最匹配的应用场景是游戏和娱乐。比如，游戏平台“堡垒之夜”与美国饶舌歌手Travis Scott在游戏中举办虚拟演唱会，玩家可以跟随歌曲变换场地，炫酷的沉浸感吸引了1200万名玩家参与。

未来，元宇宙有多大的可能性？

02
元宇宙，它们想做什么

如果将Roblox与以太坊联系在一起，如果将Meta与虚拟货币Libra联系在一起，如果将Omniverse与大数据、人工智能联系在一起，你大致可以观察到元宇宙者们到底想干什么。

元宇宙其实是利用互联网界过去一些年所积累的技术，包括虚拟现实、区块链、数字货币、加密技术、大数据、云计算、人工智能等，形成一种可视化、沉浸式的应用场景。可以简单地理解为，人工智能是生产力，大数据是生产资料，区块链是生产关系，元宇宙是应用场景。

它们是不是在炒旧饭？其实不是，元宇宙这样一种集合概念的推出，其实在表达某种诉求。

这种诉求，如果用一个词来概括，那就是自由。

元宇宙给这种自由的诉求——分布式的网络，去中心化的组织，自治的社区，加密的银行网络，可信任的人工智能，沉浸式的体验，不受限制的交流、流动与畅想——提供了可以想象的空间与实现的场景：瞧，世界本来应该是这样的。反过来说，元宇宙试图以虚拟现实的方式挑战现实世界的中心化互联网以及中心化人类权力结构。

对互联网的中心化控制，这个世界早已发出了反抗的声音。大数据杀熟、算法陷阱、信息茧房、滥用用户数据、偷录和监控用户行为，曾经的“屠龙少年”如今变成了那条人人喊打的“恶龙”。近些年，这些“恶龙”有被围殴的趋势，典型的案例就是Facebook。

Facebook创始人扎克伯格因用户信息泄露事件，被44名国会议员围怼5小时。议员质问扎克伯格：“我是不是要给你钱，你才能不泄露我的个人信息？”“Facebook是不是独裁公司？”更严重的还有：“从2006年你就到国会道歉，为什么你今天还在道歉？”面对Facebook这样中心化的平台，议员们显然不甚了解更不理解，扎克伯格难以自圆其说，不得不从2006年开始至今一直要去国会道歉。

特斯拉以及智能驾驶汽车也面临类似的困境。智能系统的基础是大数据分析，掌握用户各项数据，对用户驾驶行为实施监控是智能驾驶技术提升的关键。但是，智能系统一旦介入驾驶，交通事故的责任认定就不得不依赖数据分析。如今，汽车厂商的中心化系统控制了数据，这给责任的认定带来了困难，用户对这种中心化的权力结构表达了不信任。

2008年，“中本聪”发布比特币白皮书，建立了第一个分布式网络。它找到了中心化网络的解决方案，那就是区块链分布式网络。在比特币网络中，通过区块链的生成可以实现分布式结算、验证以及记账。

银行系统是区块链分布式网络最成熟的应用，这是比特币网络的贡献。但是，后来的以太坊认为，人类的行为极其复杂，不能完全按照交易和记账的方式处理，而应采用协议来完成，在区块链上通过代码来执行协议，智能合约由此诞生。以太坊网络的思维是人类所有行为即合约，合约通过代码来实现。换言之，代码即法律，通过代码来约束协议执行，从而实现去中心化。

以太坊大大拓展了区块链的应用场景，但是也出现了一个问题，那就是代码化趋势。换言之，分布式网络没有呈现可视化的虚拟现实的应用场景，这制约了它的发展。Roblox为什么令人兴奋？以太坊也可以通过创建智能合约来发布游戏，但是，Roblox展现了更加真实的应用场景。

扎克伯格对区块链也非常感兴趣，2019年，他宣布创建一个跨国界的分布式的银行网络，并且推出加密货币Libra。但是，Facebook的应用场景是丰富而真实的，如何展现是一个难题。如今，元宇宙概念，尤其是虚拟现实技术，给分布式网络提供了可视化的应用场景。当Libra分布式网络及加密货币与元宇宙的应用场景相结合，Facebook有机会塑造一个完全不同的“平行宇宙”。比如，Libra币拥有丰富的应用场景，可以在可视化的空间里购买商品、游戏服务甚至是有形资产。而且，用户的社交与交易网络是分布式的、端对端加密的。

如此，Facebook可以摆脱“独裁公司”的骂名，以及欧盟无休止的反垄断调查。同时，还能给29亿用户提供一个超越中心化互联网的平台。这是扎克伯格押注元宇宙的主要原因。

分布式网络最大的影响或许是催生了数字资产私有化的观念。人类为资产私有化已奋斗了几百年。从全球范围来看，多数实体资产已经实现了私有化。而数字资产，包括数据、虚拟资产，都没有实现真正的私有化。分布式数据存储将从技术层面实现数字资产私有化，元宇宙将以可视化的方式打通虚拟与现实的资产链接，进一步强化平行宇宙与现实世界的个人产权联系。随着越来越多实体资产平行映射到分布式网络上，越来越多资产上链后完成私有化确权，元宇宙将提供模拟真实场景的授权、交易与结算。

按照洛克的理论，财产私有化是个人自由拓展的基础。元宇宙对虚拟与实体产权的保护可以大大增进个体的自由——这就是元宇宙者的诉求。

我们再从元宇宙的概念去理解人工智能。大多数人都欢迎人工智能，但是都拒绝希尔多·卡辛斯基的预言，即被技术精英以人工智能之名控制。在分布式网络中，数据个人产权同样可以支持人工智能，而且这是一个更加良性的公平的规则。智能驾驶汽车厂商、生物制药企业、金融机构等，可以在分布式网络中以授权、交易的方式获得用户数据。元宇宙为分布式网络与人工智能提供了更加安全、沉浸式体验场景。比如，分布式的智能驾驶系统可以展现车主的疲劳驾驶状态，同时发出提醒和辅助介入，而这个过程是加密且安全的。当发生交通事故时，元宇宙可以还原事故场景，用户和交警都可以调取数据以判断事故责任。

这就是分布式网络、人工智能在元宇宙的空间中给人类带来的自由。

03
元宇宙，它们能做什么

当然，元宇宙挑战的不仅是中心化的网络，还是中心化网络背后更为艰深的社会规则。

比特币、区块链及数字货币毫无保留地表现出对现实世界规则的不满，并试图发起堂吉诃德式的挑战，也因此遭遇世界权力组织的限制。

元宇宙的策略更低调、更富智慧，它表现出“娱乐至死”的麻痹感。它更加强调虚拟现实所呈现的另一个世界，应用场景更加娱乐化、社交化和消费化。但是，元宇宙集合所有技术力量以一个平行宇宙的方式，潜移默化地改变着人类现行的权力规则。在元宇宙中，分布式网络、加密货币、可信任的人工智能、自治社区将重塑人与人之间的信任关系以及权力分配制度，这对现实世界中的一系列制度及法律安排提出了挑战。

实际上，元宇宙这种重塑规则的诉求，并不是凭空创造的，它发自人类底层的需求，并在近些年集中爆发。

在全球化时代，人类的自由与限制性的国家制度爆发了严重的冲突。国家制度以疆域、公民国籍为基础，建立信用货币主权、税收主权以及各种管辖权。经济全球化，特别是近半个世纪的贸易与金融全球化，在一定程度上突破了国家制度之下的主权限制。但是，信用货币制度的国家化依然与经济全球化构成了严重的冲突。

这里至少存在三个冲突：一是国家监管部门及银行系统限制资本跨国流通；二是铸币权被小部分人掌握，他们通过滥发货币牟利，扩大了贫富差距，引发了债务危机；三是滥发货币强化了限制资本流通的动机，进一步削弱了经济全球化。

2008年金融危机后，比特币的出现是对现行的信用货币制度和银行制度提出的挑战。比特币网络是一个跨国界的分布式的银行系统，试图摆脱国家金融监管的限制。同时，比特币试图创造一个更加公平、公开以及竞争性的私人货币制度。迄今为止，比特币并不算一个成功的货币，但是它对人类不合理的权力组织发起了挑战。

几年前，区块链及数字货币备受资本市场的关注，但是它们在现实的规则下很难找到充分的应用场景。而元宇宙为它们提供了虚拟化的场景。容易让人误解的是，元宇宙虚拟化的场景容易将技术应用带偏。实际上，元宇宙的应用场景反而会改变现实世界的规则。

货币需要应用场景，通过大量的交易积累信用。信用货币通过国家法律方式强制国民使用，在税收及公共支付中建立应用场景基本盘。在美国自由银行时代，大量银行发行了海量的银行券，这些银行券在寻找应用场景，而当时最主流的应用场景不是商品交易，而是融资市场。近些年，数字货币也是如此。除了融资之外，数字货币还需要更为广泛的应用场景，如游戏服务、商品交易、股票投资等。而这一切都是元宇宙能够提供的。假如元宇宙中的应用场景足够庞大，这种数字货币具有相当的信用，它很容易就能渗透到现实世界中，成为现实中流通的货币。大量用户在元宇宙中对货币、银行系统、虚拟资产及社区规则建立的信用，在欧美国家将通过选票的方式延伸到线下，进而改变现行的权力组织及游戏规则。

实际上，元宇宙与现实世界之间早已为资产证券化所打通。一些数字货币、虚拟资产建立了资产储备制度，数字货币、虚拟资产、虚拟商品对应一定比例的现实资产、商品与服务。用户持有的数字货币可以兑换成美元、房地产抵押债券，用户在线上投资的房产通证可能对应加州某市的部分房产，用户通过购买某种虚拟商品可以在线上直接收看某位歌手的演唱会。

当然，元宇宙试图呈现的不仅仅是虚拟货币的自由发行与无国界流通。元宇宙展示的所谓的平行宇宙，其实是一个资本、信息、人员等流动性更强的自由世界，公共权力及公共资源分配更加公平的分布式世界，个人产权与利益得到充分保护的自治世界。

元宇宙是不是一个更好的世界？

它至少是一个更有效率的世界。股票就像元宇宙的一个最初的元素，是一种资产证券化，是现实世界资产的虚拟化。股票的价值体现为强大的流动性和权益配置的专业性。元宇宙中所展现的流动性及权益配置的专业性可以带来效率。现实世界中更多虚拟化的商品、证券化的资产，在元宇宙中快速流通与交易。而元宇宙的效率，根本上来自正当性，即更加公平的规则。

未来，元宇宙至少面临两个挑战：

一是各项技术的匹配。元宇宙对算力提出了极高的要求，依赖电力、显卡、芯片、通信网络、人工智能等软硬件技术进步。有人会问：我们需要投资虚拟现实还是“星辰大海”？让市场来决定。马斯克投资的火箭与卫星可能是元宇宙的技术支撑。

二是更具正当性的规则。诺斯的制度变迁理论试图解释一系列的制度安排是如何促进生产力的。人类社会演化出宗教和国家制度安排后，不断地强化中心化权力体系。不过，工业革命瓦解了集中化的权力体系，私有产权、委托人等制度安排成为工业社会的核心，并激励了个人多样性才能的创造。工业时代以来，人类制度的演变总是伴随着激励性、流动性和风险性。

元宇宙的规则应该是一个激励性和流动性更强的规则，同时也是风险性更高的规则。这对制度变迁提出了新的挑战。

元宇宙世界需要建立两种关键制度：

一是个人产权制度。从一般性的角度来看，个人产权制度是第一位的，也是一切有效率制度的前提。产权安排直接影响资源配置效率，一个社会的经济绩效如何，最终取决于产权安排对个人行为的激励。在元宇宙中，数字产权的确权、保护、授权与交易对数字经济产生了巨大的激励性，可以更健康地促进人工智能的进步。分布式网络、加密技术与数字货币也可以更好地保护现实世界映射上网的个人资产；同时，元宇宙将提供无国界的可视化的个人资产交易场景，促进个人资产的全球化配置。

二是公共制度。在个人产权制度基础上讨论公共制度才有意义，但是任何公共制度的建立及执行都充满挑战。在数字货币世界，数字货币原本想通过竞争性的方式挑战法定货币垄断，结果大量数字货币在通胀中和诈骗中归零。这个市场陷入了“囚徒困境”，这是公共制度缺失所致。

元宇宙的公共组织不是国家、公司，而可能是分布式自治组织。哈耶克主张用市场的规则来建立人类的组织，布坎南将公共决策的参与行为定义为市场行为。在自治组织中，每个人都是按照预期收益最大化的方式参与公共决策的。打个比方，每个人根据预期收益最大化来选择社区和邻居，同时参与社区的公共管理。公共制度的“搭便车”问题会降低它的效率，希望元宇宙可以降低公共组织的交易费用。

元宇宙不是将人类带向一个脱离现实的虚拟世界；相反，它的方向与最终的目的是改变现实世界。

总之，与层出不穷的新概念一样，元宇宙藏着资本市场的镰刀，也藏着理想主义的镰刀。

思想市场

思潮络绎不绝，观点川流不息。在以思想为商品的无形“集市”中，消费更便捷，也更复杂。那些似是而非的真理，算法助长的信息茧房，似野草般疯长。

信息似围墙，该堵还是该疏？

我们要思考：思想市场交易的干预边界在哪里？如何确保制度有效性、监督不缺席？

但，思想拂尘，文明进化，本就是一个个自我与人性弱点的一场漫长竞赛。

正如约翰·弥尔顿所言：“让她（真理）与谬误交锋吧，谁看见在自由而公开的交战中，真理会败下阵来？”

群氓狂欢与世界真相

群氓，是一股随波的世界洪流。

他们跟风、盲从、焦虑、易怒、狂热、纵欲，拒绝思考及放纵暴力，缺乏独立意识与思辨能力，在追求“集体灵魂”中迷失，在追逐公共利益中窃取私利[①]。

要命的是，“深谙其道的演说家在面对群氓的演说中常常利用这些特征”。

他们常假“公共利益”之名，借群氓非理性之势，行私人野心与目的之实。他们给群氓提供的思想配方往往是国家、领袖、意志、暴力和强权至上论，以及“strength through unity”（法西斯最原始的口号）。

他们还假自由之名，在广场上以极度夸张及渲染的表演方式摇旗呐喊、混淆视听，行浑水摸鱼之实。法国大革命时期，吉伦特派领袖罗兰夫人被送上断头台，在临刑前她说出了那句震惊世人的话：“自由，天下古今几多之罪恶，假汝之名以行。”（梁启超译）马克思在《1848年至1850年的法兰西阶级斗争》中写道：“他们既能够做出轰轰烈烈的英雄业绩和狂热的自我牺牲，也能干出最卑鄙的强盗行径和最龌龊的卖身勾当。”

---

① 古斯塔夫·勒庞．群氓心理学[M]．陈璞君，译．北京：北京师范大学出版社，2018.

百年之前，勒庞将欧洲近代狂热、无序、非理性的运动及人群概括为“群氓”，并感叹：“群氓的行为更易受到骨髓的影响而非大脑的影响。”

此后，这股洪流愈演愈烈，最终酝酿了一场人类史上空前的浩劫以及弥漫半个地球的思想瘟疫。

历史上，广场上人的郁躁与广场背后人的窃喜，折射了人类最无知与阴暗的一面。

都说“天不生牛顿，万古如长夜”。然而，牛顿之后的高斯、爱因斯坦、斯密、洛克、哈耶克、勒庞、笛卡儿以及血淋淋的历史教训，都难以敲开群氓灵魂之门。群氓的行为与财富、学历、知识无关，只与理性训练、敬畏之心及教养修养有关。

如今，广场上的人化身为网络上的“侠”与“精”，制造了自媒体时代的群氓狂欢，被用于“多数人之暴政”而不自知，扭曲了市场与人性，遮蔽了理性之光与世界真相。

本部分从思想市场、私人契约与制度经济此经济社会三大基石，试图以探寻规律、剖析人性之方式正本清源：财富是如何创造的，经济是如何增长的，社会是如何进步的，人类大规模协作是如何构建的，以及全球化时代人类是如何共处的。

01

思想市场：社会正循环演进之根基

公元8世纪、9世纪、10世纪，众多虔诚的朝圣者，带着狂喜之心，无惧路途之艰险，源源不断地涌入圣地耶路撒冷。

1009年，埃及法蒂玛王朝的哈基姆获得了耶路撒冷的控制权，他下令摧毁了圣墓教堂内的所有基督教堂和犹太会堂，同时封堵了基督教徒朝圣的道路，向每个朝圣者收取一个金币。大量无力支付“买路钱”的朝圣者滞留在城门之外。

当时，朝圣者人数正值高峰。所有朝圣者心中有一个寄托：10世纪，《启示录》中的千年走到了尽头，世界末日将降临，届时耶稣会在耶路撒冷现身，评判人类。

随着时间迫近，那些虔诚的朝圣者、盲目的或有罪之人日益焦虑、陷入恐慌，他们抛下自己的家园、亲人与工作，蜂拥到圣城等待耶稣的降临。耶路撒冷城内城外人潮涌动、水泄不通。此时的圣城执政官土耳其人大为恼火，他们肆意盘剥、虐待、殴打朝圣者。

这时，一个叫彼得的政治投机分子出现了。他在意大利以极其浮夸的方式表达了朝圣者在圣城的遭遇。他的渲染、鼓噪成功激起了基督徒的愤怒与冲动。1095年，在皮亚琴召开的宗教会议上，彼得乘机向神职人员散布所谓的来自君士坦丁堡密使的军事机密：土耳其人正准备征服整个欧洲。

接着，教皇乌尔班二世发表了圣战宣言：“愿为我牺牲生命的，定得到生命。”信徒们群情激昂、摩拳擦掌，齐声高喊：“神之旨意！神之旨意！”

在之后的将近200年间，胸前和臂上都佩戴“十”字标记的“耶稣基督的军队”，号称“十字军”疯狂发起东征。这场旷日持久的圣战，从最初的“解放圣城”演化成为一场被政治、利益及宗教裹挟的大劫掠。“十字军远征聚合了当时的三大时代热潮：宗教、战争和贪欲。”

当时，社会从上到下都乐于加入或煽动这场战争：国王与教会通过政策，贵族凭借其内心的不安与征服的乐趣，平民依靠宗教热诚与两世纪以来不断被洗脑的虔诚。

19世纪苏格兰著名法学家查尔斯·麦凯在其《异常流行幻象与群众疯狂》中指出：

“每个时代皆有其特殊的愚行，有些出于贪婪之心，或是由于追求刺激，抑或纯粹是模仿的本性，深植人性并鼓舞着大众。若不是，也总会出现政治或宗教方面的狂热。”

“十字军不过是一群无知且野蛮的乌合之众，受偏执妄念的鼓舞，杀出一片布满泪水与鲜血的悲剧。另外，浪漫的文学却以其闪耀且热切的语调，赞颂着十字军的虔诚与英雄主义，歌颂他们如何为自己赢得荣耀，彰显基督。”

倘若欧洲一直处在宗教控制的中世纪时代，定然无法萌生自由市场。十字军东征这场漫长的浩劫，在很大程度上反噬了教会势力。

接下来的14世纪，一场席卷整个欧洲的黑死病（鼠疫），以另一种极度残暴的方式再度摧毁了欧洲。

历史学家估计，这次黑死病大约造成2400万人死亡，约占欧洲和西亚人口的1/4。意大利诗人乔万尼·薄伽丘的故乡佛罗伦萨是重灾区，他在其著名的《十日谈》中惊呼：“天主对人类残酷到了极点！”

这场黑死病极大地打击了天主教势力。很多人开始不再相信祈祷能够治愈，不在教会医院等死，而是寻找更为有效的办法。

1315年左右，罗马天主教会开始接受人体解剖作为医学教育的一种辅助手段，并在意大利的博洛尼亚市开展了第一例人体解剖的公开演示。人体解剖这刀下去，神学统治地位受到挑战。

当时的解剖学家维萨里发现男人与女人一样，都是一侧12根肋骨，而不是天主教所说的男人比女人少一根（亚当的肋骨）。维萨里在其不朽著作《人体的构造》中，准确地描述和绘制了骨骼、肌肉、血管、神经系统及身体其他器官。其中一幅经典插图被称为“思考的骨架”。

到了16世纪，解剖学成为一种公共景观，意大利及其他国家的一些医学院纷纷建立起了解剖学“演示厅”。公开解剖类似于今天歌手开巡回演唱会公开表演，门票不菲。

1628年，英国内科医生威廉·哈维在其著名的《动物心血运动的解剖研究》中指出，心脏是“一切生命的基础，一切的起源”。

14世纪“黑死病”肆虐后的300年间，维萨里的人体解剖、哈维的血液循环论、雷内克的听诊器等现代医学，极大地打击了天主教权威，促进了人们的觉醒。

16世纪，马丁·路德等人在欧洲掀起了一场宗教改革。这场改革打击了天主教会的神权统治，世俗政府势力开始崛起，打破了传统宗教枷锁，促进了自然科学以及医学的发展。

从黑死病肆虐到现代医学的进步，再到宗教改革，这300多年是欧洲从愚昧到觉醒的关键时期。正是思想解放、自由思想，为现代自由市场的兴起创造了条件。

亚当·斯密、李嘉图等经济学家并未意识到这一点。后来，德国社会学家马克斯·韦伯在他著名的《新教伦理与资本主义精神》中指出了宗教改革对于资本主义兴起的价值。

韦伯在书中提出一个令人感兴趣的问题，那就是“工商界领导人、资本占有者、近代企业中的高级技术工人，尤其是受过高等技术培训和商业培训的管理人员，绝大多数是新教徒”。

事实上，今天欧美世界新教国家的经济状况普遍好于传统天主教国家。韦伯在书中指出，在专门培养技术人才和工商业人才的学校，以及主要培养中产阶级从业人员的学校毕业生中，天主教徒比新教徒所占的比例更小。天主教徒热衷于文科学校，他们较少从事资本主义性质的企业活动，很少参与经济生活。

韦伯将这一差异归结为马丁·路德、加尔文推行的宗教改革。如果没有宗教改革，没有新教思想，可能就很难出现现代科学与工业。

新教伦理出现的新的教义及思想，如现世禁欲精神、追求现实生活，与资本主义所需要的资本积累、务实进取高度契合。新教伦理诞生了一个副产品，这个副产品赋予了人们以合理的目的追求自我利益的权力，从而促使人们逐渐摆脱愚昧，为个人利益而努力。

新教徒选择的是“吃得舒服”，追求今生之乐；天主教徒则宁愿“睡得安稳”，苦修来世之福。

天主教认为，祈祷和圣歌是修道生活的最高境界。但是，宗教改革后，新教伦理颠覆了这一教义。新教徒认为，“最重要的还是遵从上帝的旨意，把劳动当成人生的目的”。

新教徒奉行的是“不劳动者不得食”。他们还将劳动与祈祷在时间上分开。“上帝希望工作日时各司其职，以践行他的意志，沉思则放在礼拜日。”

韦伯最终将资本主义市场兴起的思想基础概括为理性主义。西方理性主义思潮，推动了现代科学、自由市场及民主制度的全面兴起。资本主义的兴起依靠的是理性的经济行为。

亚当·斯密的自由思想也源自宗教改革。他的学术思想主要来自斯多葛主义伦理学和他的老师哈奇森的基督教美德思想（新教）。

亚当·斯密推崇自然神学，他在格拉斯哥大学多年的讲义中最重要的部分便是“自然神学”，即斯多葛学派和哈奇森的基督教思想。其实，斯密在《国富论》中描述的“看不见的手”也是自然神学的概念，即由神设计的市场自然秩序。

新教改革为现代科学兴起提供了思想条件。牛顿对斯密的影响很大，亚当·斯密对牛顿宇宙观推崇备至。斯密在临终前，命人将其全部手稿烧毁，但唯独留下了一份关于他对牛顿天体理论的评价。

近代市场的兴起，以及市场理论的诞生，可以追溯到宗教改革。自由市场的前提是自由选择，自由选择的前提是思想自由。任何有组织或无组织的群氓，都是自由市场的天敌。只有自由发达的思想市场，才能造就发达的市场与繁荣的经济体。

然而，几千年来，政治垄断势力及有组织的群氓，一直压制着自由市场的发展。在市场兴起之后，原有组织势力及信仰崩盘，有组织的群氓立即演变为无组织的群氓，这股庞大而无意识的群氓力量，是自由市场的威胁。

法国大革命就是一个典型案例。在西方历史学家眼中，没有任何事情比法国大革命更伟大、更源远流长，但又更盲目失控、无法预料。

1789年7月13日的巴黎，谣言四起、人心惶惶，恐慌的巴黎民众手持枪械，疯狂地涌向巴士底狱，试图抢夺火药。

路易十六头颅被砍后，法王“希望法国不再流血”的遗愿不但没有实现，相反，法国的断头台工作越来越繁忙。不到50天的时间，仅巴黎一地就处死了1376人，平均每周196人，到罗伯斯庇尔被处死的时候，著名的刽子手夏尔桑松已经砍掉了2700个脑袋。

法国著名心理学家古斯塔夫·勒庞在《群氓心理学》中指出，

如果你认为民众的暴戾之气一旦被点燃，会被严格限于“人民的敌人”，那就太天真了。此时，“杀头”是重要的爱国之举，杀谁的头则并不重要。

从国王、王后、教士、贵族，到雅各宾党人，纷纷被押上断头台。最后，砍头的“荣耀”逐渐落到了平民身上，被砍头的农民和工人有近万人。此后3年，被斩首的“反革命分子”达7万人之多，法国国内贵族被彻底剿灭。

英国政治家埃德蒙·柏克说：“法兰西岂止丧失了旧政府，简直丧失了一切政府，与其说法兰西成为人类的灾难与恐怖，不如说它几乎成了屈辱与怜悯的对象。但是，从这座被谋杀的君主制的坟墓中，却走出来一个丑陋、庞大、超出人类全部想象力的可怕的怪物。”①

法国历史学家托克维尔在《旧制度与大革命》中冷静地论述了他的发现：“对一个坏政府来说，最危险的时刻通常就是它要改革的时刻。”

“旧时的信仰摇摇欲坠，最终消逝，古老的社会相继坍塌，群氓的势力则不受任何力量的威胁，并且其威望正在不断扩大。在这种力量的冲击之下，个人的暴政为集体的暴政所取代，前者是弱小的，因而是容易推翻的；而后者是强大的、难以摧毁的。”

世界的主宰者、宗教的开创者、帝国的缔造者及政治投机分子都是杰出的心理学家，他们对群氓的灵魂有着深刻的把握。

不管是有组织的群氓，还是无组织的群氓，都是一股无意识、非理性的洪流。一旦身为群体中的一员，人的才智和天分就会被削

① 埃德蒙·柏克. 法国革命论[M]. 何兆武，彭刚，译. 北京：商务印书馆，2010.

弱，人性因而被磨平。异质性在同质性中淹没，无意识的特征占据主导地位。

这股“同质均一”的集体洪流，天然对市场的自由思想、独立选择加以干涉，甚至以群体暴力的方式剥夺他人自由及私产。

从亚当·斯密到马歇尔，古典主义者强调市场的均衡形态，对市场背后的关于人的思想及行为并未做太多探索。奥地利学派则从“人的行为”的角度出发，揭示了自由思想在市场运行中的逻辑。其中，集大成者为米塞斯和哈耶克。有趣的是，奥地利学派认为其思想渊源为传统天主教思想。

哈耶克一生都在捍卫自由市场，尤其是自由思想。他在著名的《通往奴役之路》中指出：“在社会演化中，没有什么是不可避免的，使其成为不可避免的，是思想。”哈耶克说：“观念的转变和人类意志的力量，塑造了今天的世界。”

自由思想的真正内涵不是天马行空、为所欲为，更不是群氓之跟风、从众、焦虑、势利、非理性，而是独立思考、理性思辨。

所以，对于自由市场，我们最终追溯到韦伯所概括的理性主义，或者叫思考、思辨。

群氓的致命弱点是拒绝思考，他们希望直接获得答案，不关注推理及思辨过程。他们喜欢全盘接受绝对真理，或一概拒绝绝对谬误。他们喜欢节省思考成本，习惯于逃避责任“搭便车”，追求“集体灵魂”，以获取安全保障。

这个世界，物质遵循“最小耗能”原则运动，自然生物懂得“趋利避害”，经济社会按照成本最低、利益最大化方式运行，但唯有思考，不能省力、偷懒。

因为若放弃思考，就意味着被奴役。

02

私人契约：人类大规模协作之根基

从远古时代开始，人类大部分时间都处于“群氓”状态。

在与豺狼虎豹斗争的年代，个人无法独立生存，只能求诸集体力量。为了实现集体协作，人类绞尽脑汁地玩起了“政治”，发明了宗教、国家、城邦、部落、氏族、宗族等制度。

从理想国到乌托邦，从平均主义到天下大同，人类试图利用集体之智慧实现美好之夙愿。但是，哈耶克告诫世人：“通往地狱的道路，通常是由人们善良的意愿铺就的。”因为“那些放弃自由以期换取保障的人，既不配享受自由，也不会得到保障”。

正如哈耶克所言，从远古部落到农耕社会，人类放弃自由、让渡私有权以换取生存保障，最终沦为被教义纲常、国家机器奴役的群氓。

直到近代市场兴起，人们才摸索到一种既能摆脱奴役又能实现大规模协作的制度——市场制度。

为什么说市场制度能够摆脱奴役？

自由市场的前提是自由思想、自由选择、独立决策，是人与人之间的一种自愿合作关系。弗里德曼说，“自由市场是人类发现的唯一能让多数人自愿合作的方式。这也是为什么它对于维持个人自由至关重要”，自由市场是一组组私人契约的集合。自由市场中人的行为完全是私人行为，而不是集体行为，也不是群氓行为。

参与交易有代价，即“天下没有免费的午餐”（弗里德曼）；也有收益，即“自由市场最重要的一个核心事实是，除非双方都能获益，否则交易不会发生”（弗里德曼）。

市场是平等的、不被奴役的私人契约。哈耶克说：“钱是人类发明的最伟大的自由工具之一。”因为“只有金钱才会对穷人开放，而权力永远不会”。这句话道出了市场制度与传统的国家、城邦、部落等政治制度的根本区别。

亚当·斯密的伟大之处在于，他在《国富论》中将市场行为界定为私人行为，即“交换及易货系属私利行为”。张五常在《经济解释》中着重强调这一点，经济学讨论的假设前提是个人选择，这个前提对错不重要，重要的是不应跳出这个前提。

市场制度与经济学都聚焦于私人契约而不是公共契约，但是成千上万个个体之间如何大规模协作？

市场制度是一种“神奇”的制度，所有人在“看不见的手”的指引之下，按照自我利益最大化的原则行事，结果居然整个社会福利都增加了。要知道，之前千百年来，人类都采用相反的逻辑，即使用仁爱、善良、同情心之精神疗法感化世人心中之恶念，但依然事与愿违。

人们从来没有见过人人利己还能利他的制度。比亚当·斯密更早的政治经济学家曼德维尔曾经写过一本《蜜蜂的寓言》。曼德维尔用蜂巢制度类比市场制度。他在书中描述道：在抱怨的蜂巢中，蜜蜂利己，蜜蜂部落繁荣；蜜蜂变得善良和诚实，部落则衰落。

曼德维尔得出一个很简单直观的结论：私恶即公利。私欲之“恶花”还能结出公共利益之“善果”？当时，西方的道德家不能接受，称之为“曼德维尔悖论”。

曼德维尔的《蜜蜂的寓言》打破了千百年来人类的“善良意志论”和“理性设计论”。在曼德维尔看来，试图以“公共精神”的道德情怀来建立一种充满美德的繁荣社会，只是一种“浪漫的奇想”，因为私欲和私欲支配的个人恶行恰恰是社会繁荣的能源，离开了这个能源，公共利益将是无水之源、无本之木。

曼德维尔的《蜜蜂的寓言》是自由市场及经济伦理的思想基础。自该书出版后，人类对构建大规模协作制度有了全新的、完全不同的路径。

当时，西方的道德家不能接受“曼德维尔悖论”。时至今日，也有不少人，尤其是群氓，依然抵触这一思想，并将其意识形态化。

勒庞在《群氓心理学》中写道：“群氓的推理能力属于低劣的范畴”，“群氓的逻辑有两个特征：一是将只有表面关联的不同事物联系起来，二是迅速概括归纳特殊情况”。

因此，群氓对市场的认知容易浮于表象，想当然地从“自利”推导出“恶果”，从而否定市场和交易。更要命的是，“深谙其道的演说家在面对群氓的演说中常常利用这些特征”，打着“公共利益”的旗号煽动群氓运动，从而满足演说家之个人野心。

当然，其中还有一个重要原因是，曼德维尔以及后来的亚当·斯密都没有深刻洞悉市场按照“自利原则”运行的内在逻辑，如自由思想、私有产权及价格机制等。

后来，奥地利学派在这方面做了很大的补充。在20世纪20年代，米塞斯为了防止学术辩论落入意识形态的争议，选了一个巧妙的角度——科学，来解释自由市场尤其是自由主义思想。

米塞斯想强调的是，自由市场存在科学性，即符合客观规律及人性。比如经济学中的价格机制、供求定律、边际效用递减，不仅符合规律，还符合人性。又如，我们有正常说话的自由、行动的自由、娶妻生子的自由、获得和放弃财产的自由，这些自由显然让我们更快乐，对我们更有激励性。这是符合人性的。

米塞斯在其著名的《自由与繁荣的国度》中强调：“我们唯一的主张是：保障一切劳动者的自由，保障使人类创造出最高劳动效率的劳动制度。”

米塞斯将市场落实到个人行为之上，将经济学视为“人的行为”之科学[①]。米塞斯非常重视私有制，将私有产权视为一切自由主义的前提。

市场交易，其实是权益与风险的转移。私有产权是自由交易的前提，拥有产权意味着拥有占有权、使用权、收益权和处分权，只有具备这些权利才具备交易的条件。这些是最基本的市场交易要素。

从人性的角度来看，私有产权是一种激励制度。劳动所得属于个人，自然更能够激励自己创造。试问：谁愿意纯为他人拼命赚钱？谁愿意与他人共享财产？

弗里德曼曾经说过一句经典的话：“花自己的钱办自己的事，最为经济；花自己的钱给别人办事，最有效率；花别人的钱为自己办事，最为浪费；花别人的钱为别人办事，最不负责任。”

米塞斯苦口婆心地告知当时德国、俄国及欧洲大陆的群氓：“只有私有制和自由经营活动，才能确保人类劳动达到最高的效益。”米塞斯还说，如果取消私有制能够创造更高的效益，他也会赞成消灭私有制。

不过，张五常从英国999年的使用权转让制度中获得启发，认为所有权不是最重要的，转让权才是合约的关键。999年使用权利

① 米塞斯. 人的行为[M]. 夏道平，译. 上海：上海社会科学院出版社，2015.

用了人类有限预期的缺点，毕竟大多数人都不会关注999年之后的事情。从根本上说，使用权的解决方案其实是舍近求远之法。但是不得不说，这种制度的出现也是历史演变与自发秩序的结果。

反过来看，为什么群氓运动、理想主义、平均主义及大同社会最终都会走向失败?

从科学的角度来看，这些制度及行为违背了经济规律与人性。

从人性的角度来看，每个人都为他人或集体而努力，结果却是人人都想“搭便车”、磨洋工、占他人便宜，生产力无比低下。这种制度打着道德高尚的旗号，其行为却极端自私和恶劣。这种制度具有“劣币驱逐良币”的功能，驱使人们拥挤、哄抢、占便宜，吃公家的狼吞虎咽，用自己的却极度小气自私。

从经济规律来看，米塞斯和哈耶克创建了知识分散理论。知识分工在哈耶克看来“至少是与劳动分工同等重要”的问题。哈耶克认为，知识都分散在每个人的脑子里，任何个人、企业及政府都无法掌控所有的信息。

既然无法掌控所有信息，就无法实现统一的计划和经济计算。如此，群氓的集体干预行为其实是“致命的自负”，这种集体经济诉求注定无法实现。反过来，尊重个人自由，实施私人契约，其实顺应了市场知识的分散性规律。

既然知识是分散的，那么市场如何将知识集中起来，并实现高效配置?

亚当·斯密没有揭开这一面纱，反而用“看不见的手”之隐喻将其神化了、黑箱化了。后来，芝加哥学派和奥地利学派用价格理论把市场的逻辑说清楚了。与弗里德曼相比，哈耶克的解释更加细腻:

"从根本上讲，在一个有关相关事实的知识由众多个人分散掌握的系统中，价格能够帮助不同的个人协调他们所采取的彼此独立的行动，就像主观价值可以帮助个人协调他所指定的计划的各个部分一样。"

美国密歇根州一位名叫伦纳德·里德的实业家写过一篇著名的文章叫《我，铅笔》。在这篇文章中，里德使用第一人称来描述以铅笔制造为核心的复杂而有序的社会分工、大规模协作及市场交易的过程：

"我，铅笔，是种种奇迹的复杂的结合：树、锌、铜、石墨，等等。然而，在这些大自然所显现的种种奇迹之外，还有一个更为非凡的奇迹：人的种种创造精神的聚合——成百上千个微不足道的实际知识，自然地、自发地整合到一起，从而对人的需求和欲望做出反应，在这个过程中，竟然没有任何人来主宰！"

读了这篇文章后，哈耶克称赞伦纳德："他还是一位深刻独到的思想家，不露痕迹地把他的深刻结论融入家常用语。"

弗里德曼曾经在其电视专题节目及同名书《自由选择》中引用过伦纳德的这个故事。他赞叹这篇文章既阐明了亚当·斯密"看不见的手"——在没有强制情况下合作的可能性——的含义，也阐明了哈耶克强调分立的知识和价格体系的含义。

通过"铅笔的故事"，我们至少可以从以下几个方面更加深入地理解市场的逻辑：

第一，市场是一个陌生人之间的大规模协作制度，价格机制将无数分散的知识有机而高效地组合在一起。

第二，这种大规模的协作没有一个中央机构，完全是自发的、自愿的，市场的结构是分布式的，市场的主体是个人。

第三，市场可以大幅度地降低成本，提高资源配置效率，（无数个）一元钱即可指挥成千上万的人为无数人生产铅笔。

弗里德曼说："每次我们到商店购买一支铅笔，我们都是用我们的一丁点劳务，来换取投入到铅笔生产过程中的成千上万人中的每个人提供的极小量的一些劳务。"

这句话概括了市场的价格机制、商品交易、迂回生产、分工协作以及自由行为市场所有的内涵。

市场最终归结到私人契约之上，契约内容包括私人产权、个人权利、行为及思想自由，其中私人产权是私人契约的核心。

公共契约与市场的私人契约天然对立。群氓主张的任何公共契约、集体利益，都与市场相对立。在市场中，公共契约扩张，群氓打着公共利益干预市场，就会扭曲市场价格、洗劫他人财富、制造竞争不公，导致市场效率及社会福利损失。

03
制度经济：经济全球化共生之根基

不过，凯恩斯则强调，政府应以"公共利益"之名对市场进行干预。

哈耶克与凯恩斯的争论，起源于凯恩斯在1923年发表《货币改革论》。此后，二人争论一世，亦敌亦友，成为20世纪经济学史上的一段佳话。

凯恩斯与哈耶克之间的大论战，是政府干预主义与自由市场思想之间的巅峰对决。这场论战延续至今，“有形之手”与“无形之手”之间的较量依然激烈。

在“有形之手”这端，常以“公共利益”之名，借有组织群氓之势，行权力控制之实。假公济私侵犯私人契约，扭曲市场价格。

在“无形之手”这端，常以“自由”之名，借无组织群氓之势，行利益垄断之实。

哈耶克对放任自流、极端自由主义持否定态度。哈耶克被认为是“自由主义斗士”，很多人误以为他坚持放任主义。事实恰恰相反，他认为，放任自流是对自由最大的误解。哈耶克在任何一本著作中都极力反对亚当·斯密继承者所倡导的放任自流的自由思想。

哈耶克倡导的自由主义，是服从法律的自由。哈耶克早年在维也纳大学攻读法律与政治学博士，他对法律的推崇却很容易被人忽视。

哈耶克在美国期间写了一本著名的《自由宪章》。在这本书中，哈耶克强调法律之于自由的作用。他将自由定义为“服从于法律，而不是任何人”。他引用了约翰·洛克的话：“何处无法律，则亦无自由。”

哈耶克还提醒世人追求自由需要付出代价——“我们尤其必须认识到，我们可能是自由的，但同时也是可怜的，自由并不意味着事事皆好，自由的确可能意味着忍饥挨饿、铸成大错或舍命冒险”。这恰恰是自由市场最公平之处，自由与风险、收益与代价并存。

在思想市场中，自由言论也是受法律限制的。谣言恶语、诽谤诋毁是思想市场中的假冒伪劣产品，具有负外部性——个人效用大于社会效用。通过法治（而不是庇古税、“政府之手”）才能促使社会效用与个人效用均等，从而实现帕累托最优。

概括起来，哈耶克主张用法律约束自由市场、私人契约及私有权力，同时也认为，法律之约束亦适用于政府的公权力。

哈耶克认为，一个自由社会不但只要求政府对强制行为有垄断权，而且还要求政府的垄断权只限于强制行为，并在所有其他方面，政府应该在与任何其他人一样的条件下行事。

比如法院、警察、税务、行政等，哈耶克认为这些是民众授予政府的具有强制性的垄断权。除此之外，政府应与私人一样无特权，价格管制和供给管制不能与自由市场同在。

这里要着重强调的是法治经济与宏观调控的区别。哈耶克认为，凯恩斯以及凯恩斯主义者导致政府调控经济的随意性大大增加，从而忽略法律对经济管理的严肃性和长期性。政府宏观调控扩大化，对私人契约干预越多，法律的准绳越难得到伸张，市场自由越会受到限制。

凯恩斯强调政府有明确的经济目标及干预政策，而哈耶克主张"国家的无目标性"，尽量用法律约束调控之手。

哈耶克认为，现代政府"普遍的、无目标的抽象行为规则取代了共同的具体目标"。什么意思呢？

哈耶克认为，国家这一强制性力量与过去的部落统治方式最大的不同是它没有必要再为整个共同体制定统一的目标并集中财富去实现这一目标。政府也不需要设立GDP之类的经济目标，只要建立公平的抽象规则，"实施这些抽象规则，以此保护个人的自由领域不受他人的强制或侵犯"。[①]

在经济调控方面，政府之手仅限于财政政策，货币政策被作为

① 弗里德里希·奥古斯特·冯·哈耶克. 致命的自负：社会主义的谬误[M]. 冯克利，胡晋华，译. 北京：中国社会科学出版社，2000.

独立机构的央行掌控。行业性政策、公共性政策都被“法律化”，不能作为逆周期调节经济的手段。

实际上，20世纪六七十年代，新自由主义崛起之后，哈耶克的自由宪章、布坎南的公共选择理论、阿罗的社会选择理论、波斯纳的法与经济学，都强调通过法律来共同约束公权力与私权力扩张，以保护自由市场。斯密发现了“无形之手”，凯恩斯发现了“有形之手”；哈耶克、布坎南等人发现了“制度之手”，共同制约“有形与无形之手”。

与这股思潮同时兴起的是拉尔夫·纳德领导的消费者权益保护运动。

弗里德曼当时在其电视专栏节目上说：“许多人希望政府出面保护消费者。然而，当务之急是保护消费者免于政府的侵害。”弗里德曼依然从自由市场的角度解决侵害消费者的问题。他说：“保护消费者的最有效的方法是国内的自由竞争和遍及全世界的自由贸易。”

纳德及美国立法者则拿起立法之利器，推出一系列包括汽车召回、天然气管道安全、控制辐射、家禽卫生、食品与药品安全等法律。这些法律约束了市场私有权的扩张，也约束了政府公权力的滥用，尤其是防止诸如环保政策等用于宏观经济调控。

但是，如何制定法律呢？

托克维尔在其《论美国的民主》中洞察到了社会的真谛：

“一个民族不论如何努力，都不可能在内部建立起完全平等的社会条件。……当不平等是社会的通则的时候，最显眼的不平等也不会被人注意；而当所有人都处于几乎相等的水平时，最小一点不平等也会使人难以容忍。”

有组织的群氓与不平等的社会规则，无组织的群氓与相对平等的社会规则，几乎都是完美匹配的。前者通常看起来国泰民安，而后者经常因一些“小事”而陷入水深火热之中。

在社会规则的设定上，通常有两种主张：一种是精英主义，另一种是自发秩序。

群氓习惯于放弃思考或“搭便车”，依赖精英设计制度，这相当于寄希望于放弃权利与自由以换取所谓的平等和保障，但结果通常都是以悲剧收场。

弗里德曼在《自由选择》中敏锐地洞察：“一个把平等置于自由之上的社会两者都得不到。一个把自由置于平等之上的社会在很大程度上可以两者兼得。”

自发秩序的主张或许更符合经济规律。哈耶克在其《个人主义与经济秩序》中指出，所有的社会秩序及制度都是自发的，都是无数的个人在漫长的历史过程中，通过模仿的习惯及理性的分析逐渐形成的，而不是某个伟人、先知设定的。

在《个人主义与经济秩序》中，哈耶克通过自发秩序理论将自由与秩序、个体与整体、个人与国家结合在一起。他引用了亚当·弗格森的名言：“民族或国家乃是因偶然缘故而形成的，但是它们的制度则实实在在是人之行动的结果，而非人之设计的结果。”

只有自发秩序才能建立一种有可能把自由赋予所有人的制度，而不是建立一种把自由仅仅赋予“好人和聪明人”的制度。如此，才可能避免国家政权被少数人垄断、独裁。

根据知识分散理论，市场是一组自发程序，市场制度理应是自发形成的秩序。信息、权利原本分散在每个人手上，没有任何一个人能够掌握所有信息设计出“最大公约数”的制度。只有每个人都分享出信息、出让一部分个人权利，然后集合成为公共秩序和公共权力，才能保障每个人都享有更多的自由。

不过，在市场中，有一种契约非常特殊，那就是货币契约。货币是一种自发形成的公共契约，而不是私人契约。如何形成一套公共制度来约束货币公共契约，成为当今世界的难题。

在市场中，所有契约都是私人的，唯有货币是公共契约。货币犹如经济世界的“参照物”，它是市场价格的标尺、市场交换的媒介以及财富储存器。后者依赖前者，人们之所以存储货币，是因为其具有最好的流动性可以用于交换；货币之所以能够用于交换，是因为其价格稳定。价格稳定、可用于交换，即货币的价值所在。

因此，货币这一公共契约的天职且唯一的职责，便是维持价格的稳定。但凡对货币职责的扩张，如增加就业、为股市兜底、刺激经济，都是以此公共契约杀伤私人契约。

弗里德曼说：“通胀是未经法律许可的税收。”就连凯恩斯的《货币论》，也贯穿着货币价格稳定的思想。他认为，通缩和通胀都对经济不利，物价波动会引起财富重新分配，而使一些阶层得益、另一些阶层受损。恪守铸币原则，才能避免铸币权被滥用于经济控制与假公济私。

货币这单一而严谨的天职，符合货币作为公共契约的本质，亦符合自发秩序之法律。美国《合众国宪法》第1条第8款明确规定：“铸造货币，调节其价值，并厘定外币价值。”弗里德曼认为，政府并未成功地履行宪法赋予的责任。

货币作为公共契约，更需要自发秩序来构建一种约束制度。以自发秩序之法律约束货币公共契约，避免铸币权被宏观调控扩大化，避免假逆周期调节、公共利益之美名而被滥用。

然而，正如勒庞在《群氓心理学》中所说，“制度和政体都是种族的产物”，“形成一种政体常常需要数百年，改变这一政体也需要数百年”。

在过去千年，群氓以自发秩序的方式选择了集权制度，将铸币权上交给了统治者。当这旧势能抵达临界态时，群氓往往以极度暴力的方式砸碎旧制度和旧世界。然而，砸碎旧制度容易，构建新世界难。

勒庞得出的结论是，我们不能在制度中寻找深刻影响群氓的灵魂的方式。制度的确作用于群氓的灵魂，但是群氓灵魂的开窍才是自发秩序形成的根本。群氓运动的激荡往往是一些国家的历史宿命。

所以，哈耶克很矛盾，市场、民主与自发秩序都必须建立在自由思想之上，而不是群氓之上。但是自由思想又不是天然形成的，更何况千年的群氓势能犹如基因遗传般顽固。正如勒庞所言，群氓式运动往往具有一定的英雄主义色彩，固化的社会需要这种冲击。

拿善于思辨的德意志来说，这个强悍的民族，也是经过炼狱般的洗礼，最终才明白了人类文明的真谛及灵魂的归宿。

不过，哈耶克似乎找到了一条捷径。他将自发秩序扩大化到国家制度及国际规则上，国际开放性反过来敲开群氓灵魂之门。

哈耶克认为：“自由经济的政体是任何国际组织得以成功的必要条件。”同时他也指出：“废弃民族国的主权而创立一个有效的国际法治的秩序，是自由纲领的补足条件与逻辑结果。”

国家制度是个人权利对外让渡，演变为公权力及公共规则的结果。全球化则是国家权力不断对外让渡，进而形成通行规则的过程。1952年成立的欧洲煤钢共同体是欧洲第一个对外让渡国家主权进而形成的国际组织。如今，这一组织已发展成为我们熟悉的欧盟。

欧盟内部成员国让渡了关税主权、铸币权（欧元）以及部分财政主权。

一些开放性的国际金融城市实行固定汇率和资本自由流通政策，从而放弃了货币政策的独立性。这其实是国家货币主权的对外让渡，却符合国际经济规律（三元悖论）。

这些开放性的国际金融城市，其治理结构及司法体系具有国际化特征。比如，在纽约、伦敦、法兰克福上市的公司，其董事不少由外籍人士担任。又如，一些金融城市的司法体系中也有一些外籍法官及官员。这种制度安排，其实是让国际社会及投资人对金融城市法治的可靠性、中立性更加有信心。

2009年，世界经济还处在危机之中，英国政府任命了一位来自加拿大的经济学家马克·卡尼担任英格兰银行行长。这是英国央行318年历史上首位外籍行长。

外国人掌控本国的铸币大权，英国一些保守派对此还是经过了一番思想挣扎。但是，伦敦金融城将这一任命评价为“一阵清风和一种令人鼓舞的迹象”，表明英国政府“对外来事物持开放态度”。

作为一个国际性的开放金融城市，全球化“共治”成为主流趋势。马克作为外籍行长，可以避免卷入英国内部的政治及经济势力纠葛，更好地坚持货币政策的中立，不会陷入要么强硬要么温和的教条主义。国际投资者对这种开放性的态度及制度更加欢迎。

这就是全球化市场形成的国际自发秩序。这也是当今世界不同肤色、不同种族、不同国家、不同语言、不同文化及意识形态的人，参与国际大规模协作的有序法则。

参考文献

[1] 查尔斯 · 麦凯. 异常流行幻象与群众疯狂[M]. 阮一峰,译. 台北：财讯出版社,2007.

[2] 马克斯 · 韦伯. 新教伦理与资本主义精神[M]. 康乐,简惠美,译. 上海：上海三联书店，2019.

[3] 古斯塔夫 · 勒庞. 群氓心理学[M]. 陈璞君,译. 北京：北京师范大学出版社,2018.

[4] 托克维尔. 旧制度与大革命[M]. 冯棠,译. 北京：商务印书馆,2013.

[5] 哈耶克. 通往奴役之路[M]. 王明毅,冯兴元,译. 北京：商务印书馆,1997.

[6] 曼德维尔. 蜜蜂的预言[M]. 肖聿,译. 北京：商务印书馆,2016.

[7] 米塞斯. 自由与繁荣的国度[M]. 韩光明,译. 北京：商务印书馆,1995.

[8] 哈耶克. 自由宪章[M]. 杨玉生,冯兴元,陈茅,译. 北京：中国社会科学出版社,2012.

[9] 托克维尔. 论美国的民主[M]. 董果良,译. 北京：商务印书馆,1989.

[10] 弗里德曼. 自由选择[M]. 胡骑,席学媛,安强,译. 北京：商务印书馆,1982.

[11] 哈耶克. 个人主义与经济秩序[M]. 邓正来,译. 北京：生活 · 读书 · 新知三联书店,2003.

奥运神话落幕

2021年7月23日晚，迟到一年的东京奥运会在争议声中开幕！与往届奥运会的喜气洋洋不同，这届奥运会几乎空场开幕、空场比赛。在新冠肺炎疫情的笼罩下，东京奥运会多了几分愁绪与伤感。

在百年长河中，奥运会曾被国家意志裹挟，染上意识形态色彩，经过职业化、商业化的洗礼，如今被推到国家债务悬崖上，不由人不冷静反思。

曾经，奥运会对我们的影响有多深，现在，它光环剥落的速度就有多快。

本部分从历史的角度探索奥运会与国家意志、自由市场的关系，分析奥运会存在的核心问题。

01 角斗场、牺牲品与宣传堡垒

1894年，法国教育家皮埃尔·德·顾拜旦男爵与12个国家的79名代表决定复兴奥林匹克精神，成立了国际奥委会，从此拉开了现代奥运会的序幕。顾拜旦也被誉为“现代奥林匹克之父”。

顾拜旦最初觉得应以“团结、友好、和平”的口号来指导比赛，后来，他采纳了朋友狄东神甫的提议——“更快、更高、更强”。显然，他更喜欢这个口号，因为它更纯粹。

顾拜旦提倡民间体育与体育的纯粹性，反对体育民族主义化以及反对军国主义体育。他在演讲中说道：“先生们，耶拿战役后不久出现了许多德国体操的狂热信徒，炽情传布其作用。随后，越来越多的信奉者遵从德国体操的戒律，在操练中追求动作孔武有力，用一句话概括，其本质是军事性的。”

不过，令顾拜旦没有想到的是，在他晚年时，奥运会沦为德国政治野心家操纵舆论、传播意识形态的工具。

1932年，国际奥委会将下一届奥运会主办城市确定在柏林。此时，德国纳粹主义盛行，这群极端民族主义者认为奥运会是“犹太人和和平主义者搞的花样”，认为犹太人、黑人和白人一起比赛简直是个笑话。

1933年，以阿道夫·希特勒为首的纳粹党上台，德国政局大变。国际奥委会也开始考虑是否需要更换主办地。他们特地找人前往德国调查“体育界是否有反犹现象”，同时与纳粹政府开始了谈判。

谈判的结果令人意外，纳粹政府出具了书面证明，保证犹太人运动员在参加奥运会的训练、选拔和参赛中不会受到任何歧视。纳粹政府为何会松口？

因为这时希特勒意识到，奥运会是一个绝佳的舞台。受“一战”以及《凡尔赛和约》制裁的影响，德国的国际地位大幅下滑。希特勒试图通过柏林奥运会来改善处境，摆脱外交孤立，宣扬民族主义，重塑民族凝聚力。在柏林奥林匹克档案编号为33/g155的记录中有："（希特勒）已明白，从外交角度看，德国处境十分困难。奥运会必伴有的大型文化活动，可以争取世界舆论的同情。"

纳粹政府印刷了成吨的宣传材料，上面写着德国"繁荣与昌盛"；同时，耗费巨资打造容纳10万人的大型体育场、容纳2万人的游泳池以及篮球馆，还修建了一个极为豪华的奥运村。希特勒还邀请侨居美国的德国犹太女击剑手、1928年奥运会金牌获得者海琳·迈耶回国参赛。

不过，另外一群人反感纳粹的政治宣传以及故作姿态。1936年6月，法国巴黎召开了"保卫奥林匹克思想大会"。众多国家的参会者号召反对在柏林举办奥运会，要求国际奥委会改地巴塞罗那。纽约还成立了一个斗争委员会，抵制柏林奥运会。但是，令人感到奇怪的是，国际奥委会没有改变决定。甚至，顾拜旦以国际奥委会终身名誉主席的身份站出来支持柏林奥运会。

两个月后，1936年8月，柏林奥运会顺利开幕，老迈的男爵顾拜旦通过广播在开幕式上发言："奥林匹克运动的一个重要精神是参与不是获胜，对人生而言，重要的绝不是征服，而是战斗……"

这段宣扬体育精神的简短发言，迅速为柏林奥运会组委会秘书长冗长的纳粹主义宣传所淹没。奥运会场上空飘满了红红的纳粹旗，奥运五环旗隐于其后。运动员宣读奥运誓词时也没有手握奥运五环旗，而是手握纳粹旗。各国代表队入场时，3000多名选手走过主席台，接受希特勒的检阅。

德国为这场奥运会举国投入，各项赛事在极权统治下有组织地展开，向国内民众及世界各国展现了德国的安定、团结，以及纳粹党强大的领导力与声望。

对希特勒来说，这无疑是一场完美的政治策划。奥运会结束后，媒体询问顾拜旦如何看待柏林奥运会上的纳粹政治宣传。顾拜旦反问记者：“政治宣传与旅游宣传有何不同？譬如说，1932年洛杉矶奥运会上的那些旅游广告，换成政治宣传不是也差不多吗？对奥运会来说，最重要的是奥林匹克运动本身是否借举办奥运会之机得到了发展。”

我们的男爵老糊涂了吗？“二战”后披露的档案表明，在1936年5月，柏林奥运会组委会主席雷瓦德在希特勒授意下致函顾拜旦，向他赠送了10000帝国马克或12300瑞士法郎，以“表达敬意”。信中特别强调此举“不必公开”。这笔折合现在大约90万美元的捐赠款，成了顾拜旦一生的污点。

1936年柏林奥运会展现出一场体育赛事可能具备的蛊惑人心、操控舆论的魔力。

“二战”后，世界很快落入美苏争霸的冷战格局。美国与苏联所代表的两个世界集团展开全维度的较量，大到上太空，小到一场篮球赛。

1972年，美苏争霸，天雷撞地火。在慕尼黑奥林匹克体育馆内，美国男篮与苏联男篮狭路相逢，一场小型“冷战”激烈开打。“这是世界最强壮的、争夺霸主地位的两个国家在战斗，而篮球，一向都是属于我们的！”当时美国国家队后卫、后来在NBA担任主教练的道格·科林斯这样说。在此之前，美国队连续63场不败。

但是，比赛最后10秒钟，苏联队居然反超美国队1分，球权还在苏联队手上。美国队高强度施压，抢断了对手，苏联队还赔上了犯规。科林斯上罚球线，两罚全中，美国队反超苏联队1分，比赛时间仅剩1秒。

这时，戏剧性的一幕发生了。在当时的国际篮联秘书威廉姆·琼斯干涉下，裁判将比赛回表至3秒。美国队球员感到气愤和莫名其妙，可就在最后3秒，苏联队发出一个长传球，亚历山大·贝洛夫接球直杀篮下，绝杀美国队，夺得金牌。

美国队立即诉诸仲裁，但是仲裁委员会的5个人中有3个人来自苏联集团，他们以3：2投票结果驳回了美国队的诉讼。

这是美国队在奥运会篮球赛上输掉的第一场比赛。在颁奖时，美国队拒绝领奖。这块奥运会银牌，至今仍旧搁置在瑞士洛桑市。

但这不是最激烈的斗争。就在这场比赛开始的6天前，8个恐怖分子带着冲锋枪潜入奥运村，目标是以色列运动员居住的31号楼。这群恐怖分子杀死了2名以色列运动员，劫持了9名人质。接着，德意志联邦共和国政府展开了灾难式营救，9名被劫持者均被杀，还搭上了1名联邦德国警察。

这就是震惊世人的慕尼黑奥运会惨案。奥运会从国家意识形态的角斗场，上升为政治恐怖分子的杀虐场。

1979年12月底，苏联出兵入侵阿富汗。美国强烈声讨苏联，卡特总统发表声明：苏联若不在1980年2月20日前从阿富汗撤兵，美国将抵制莫斯科奥运会。

1980年，莫斯科奥运会如期开幕，但是却成为有史以来最冷清的一届奥运会。美国、日本、联邦德国、中国、菲律宾、加拿大等63个国家抵制这届奥运会。许多参赛的国家也只派一名旗手，以奥运会会旗代替国旗进场。

闭幕式上，莫斯科奥运会主场馆上没有按惯例升起下一届奥运会东道主美国的国旗，而用洛杉矶市市旗代之。同时，一只吉祥物熊，含着一滴泪水与人们告别。这是一滴冷战的眼泪。这届奥运会是奥运史上最大的危机，充斥着国家斗争以及意识形态冲突。

1984年洛杉矶奥运会，苏联拉拢了16个国家报复美国，抵制奥运会。但是，这一届奥运会却是最杰出的奥运会。中国队在洛杉矶奥运会上获得了首枚金牌。

奥运会为何成为政治的牺牲品、美苏争霸的角斗场以及民族主义的宣泄口？

希特勒极权主义和美苏争霸仅是表象，问题出在奥运会本身。

从1896年首届现代奥运会开始，国际奥组委遵守业余原则，以保持竞技运动的纯洁与神圣。所谓业余原则，就是拒绝职业运动员参赛。20世纪80年代之前的奥运会，不允许职业运动员参赛。参赛的运动员几乎都是国家培养的运动员，他们靠纳税人的钱训练，代表国家参赛，为国家争取荣誉。这已经埋下了国家主义的沉没成本。在奥运赛场上，运动员与国家供养的军人无异，为国争光是本职工作。在看台上、电视机前的各国纳税人也会看自己的钱花得值不值。拿到一块金牌，升起一面国旗，足以激起无数人内心澎湃的国家自豪感。反过来，如果比赛输了人们就感觉亏大了。

这就是那时的奥运，是疯狂的奥运！

02
职业化、商业化与体育市场

奥运国家主义的后果是，国民热血沸腾，主办城市负债累累。

在美苏争霸的格局下，苏联和美国都不甘落后，大规模投入申办奥运会。但是，巨额的财政投入犹如打水漂，如何向国民交代？美苏两国政府只能在廉价的民族主义上加持。只要赢了对方，天天吃泡面也值了。

不过，美国是联邦自治体系，办奥运会的钱由州出。这相当于主办州花钱帮联邦政府以及其他州赚民族自豪感。于是有人不干了。1970年，美国科罗拉多州的丹佛获得了第十二届冬季奥运会的举办权，但是在两年后的全州公投中，科罗拉多州民众反对为奥运会提供资金。最后，丹佛成为第一个拒绝举办奥运会的城市。

1976年，加拿大的蒙特利尔中了“大奖”。蒙特利尔奥运会超支、欠巨债，给这座城市带来了沉重的债务负担。当地政府为此每年向市民征收额外税金，直到30年后偿清完这笔债务时才停止。

此后两届奥运会，除了美国与苏联，没有任何国家愿意主办。1978年，洛杉矶“不幸”拿到了主办权。于是，大量加州人反对。民意测验表明，支持主办奥运会人数的比例从原来的80%急剧下降到34%。美国州自治、分权以及个人力量，在一定程度上制衡了政治家以国家之名进行的政治赌博。这时，加州州长布朗效仿此前的科罗拉多州，宣布不给洛杉矶奥运会分文经费。

这就促成了奥运史上和营销策划史上的一个经典案例。南加利福尼亚促进奥运会委员会不愿意放弃，他们萌生了一个疯狂的想法：让私人来承办洛杉矶奥运会。

国际奥运会的关键人物萨马兰奇主席在1980年走马上任，此时正大举推行奥运会商业化、职业化改革。他同意了洛杉矶奥运会的这种冒险尝试。主办机构先成立了一个“洛杉矶奥运会组织委员会主席遴选委员会”。该委员会挑选了一个负责人担任主席，此人是一家旅游公司的总裁，叫彼得·尤伯罗斯。然后，把洛杉矶奥运会这个项目承包给尤伯罗斯，不给一分钱支持。

尤伯罗斯承接这个项目后，自己掏了100美元去银行开通了洛杉矶奥运会组委会的账户，然后开始想办法筹资。尤伯罗斯开辟了两大财源：一是出售电视转播权；二是唯一赞助商模式（奥运TOP赞助商计划）。此后历届奥运会均以这两大方式筹资。

仅电视转播权就销售了2.87亿美元，远高于1980年莫斯科奥运会的1.01亿美元。唯一赞助商模式给大公司带来了巨大竞争压力，可口可乐拿出1200万美元力压百事可乐，富士花了700万美元击退柯达。最终，尤伯罗斯向32个赞助商共收取了3.85亿美元，而莫斯科奥运会的总赞助费用才900万美元。另外，洛杉矶奥运会门票一共卖了1.23亿美元，发行各种纪念邮票、纪念章共集资接近1亿美元。

尤伯罗斯还把荣誉席位火炬接力给商业化。之前，火炬手一般为优秀运动员或各界代表性的人物。但是，尤伯罗斯以3000美元价格销售火炬接力的1千米传递权，人人可购买，人人可传火炬。这项业务获得了4000万美元的收入。

最后，洛杉矶奥运会一共筹资7亿美元，盈利2.25亿美元，尤伯罗斯赚了1亿多美元。尤伯罗斯做了一件很了不起的事情，他可以说，这事不仅国家能干，我也能干，还干得比国家好。这是当时唯一盈利的奥运会。

实际上，尤伯罗斯还拯救了奥运会。莫斯科奥运会巨亏后，各国对奥运会敬而远之。但是，他的私人模式让主办城市又看到了希望。此后，奥运会主办城市的申请数量持续增加，到2000年奥运会时达到了30余个城市。

1991年苏联解体，欧美思想界认为，意识形态的斗争时代已经结束，代表是弗朗西斯·福山的“历史的终结”。在奥运会上，种族主义、国家主义、民族主义的意识形态帷幕徐徐落下，商业势力迅速崛起，进而驱散了意识形态的烟雾。

1992年巴塞罗那奥运会是冷战结束后的第一届奥运会。这届奥运会也被认为是迄今为止最圆满的一届赛会。什么叫最圆满？奥运会面貌焕然一新，清风朗月，当时全部172个奥运会成员国和地区都参加了这场盛会。这届奥运会投入巨大，总投资达到240亿美元。其中60%来自民间自筹，包括商业力量。

这届奥运会还有一个非常大的特点是职业运动员的加入。“二战”后，体育运动向两条路发展：一是苏联与东欧国家的举国体制；二是西欧与美国的职业化道路（商业化、市场化与俱乐部）。由于职业运动员不能参赛，当时苏联和东欧国家的运动员拿金牌拿到手软。

到了20世纪七八十年代，欧洲五大足球联赛和美国职业篮球联赛（NBA）开始崛起，一些项目的职业运动员的水平迅速超过了非职业运动员。1974年，国际篮联（FIBA）官员鲍里斯·斯坦科维奇前往美国考察篮球，他被NBA球员的水平吓到了。这让他意识到，必须想办法让世界上最优秀的球员参加国际竞赛，将他们引入奥运会的赛场。

商业力量和职业运动员的崛起，迫使国际奥组委做出改变。萨马兰奇主席于1981年修改了《奥林匹克宪章》的有关条文，去掉了“业余原则”词条，并且委托各国际单项体育协会制定自己的条款准则，由协会确认参赛选手是否符合业余原则。1988年汉城奥运会上，网球项目率先打开口子，职业网球选手开始参与奥运金牌角逐。

1985年，NBA总裁大卫·斯特恩在纽约的办公室接待了斯坦科维奇。最初，斯特恩对斯坦科维奇的提议不感兴趣。但是，这让他萌生了NBA国际化的想法，将NBA品牌和球星推向全球市场。

1989年，国际篮球联合会（FIBA）取消了职业球员不能参加国际比赛的规定。这为美国男篮“梦之队”参加奥运会开辟了道路。最开始，乔丹等众多球星不屑于参加这种美国大学生队去应付的比赛。不过，“魔术师”约翰逊积极斡旋，最终组建了豪华“梦一队”，即第一支“梦之队”。乔丹、约翰逊、伯德、巴克利，星光熠熠，在巴塞罗那给全球球迷奉上了一场场美妙的篮球盛宴。比赛变成了大型追星现场，不分国籍、不分种族的球迷们为之疯狂。有意思的是，乔丹的对手——一个国家队的球员，特地嘱咐队友，等自己和乔丹对位的时候，一定要帮他拍照，好记录下这个“美妙”时刻。在乔丹的身上，我们看不到国家主义、民族主义、种族主义。乔丹，是世界的。篮球，是纯粹的。

通过“梦一队”，最大的赢家不是美国而是NBA。NBA借此开启了全球化之路。那几代球迷都是先认识23号，再是NBA，然后爱上篮球。到2003—2004赛季，NBA常规赛的赛事及节目通过151个不同的电视台在全球212个国家和地区播放，在2002—2003赛季还引进了中国球员姚明。

2008年奥运会，科比、詹姆斯、韦德组建了豪华“梦八队”来北京，他们在中国有着庞大的球迷市场和巨额的商业合作。NBA超级巨星为了在全球市场推广自己的品牌，往往愿意出征奥运会。比如杜兰特，本赛季跟腱伤势刚恢复便率领美国队出征东京奥运会。当然，对于大量普通球员来说，他们在全球市场的商业价值不足，更倾向于利用假期休息和训练。但是，没有人会诟病他们不爱国。

如今，体育竞技的职业化已经完全碾压举国体制。欧美职业化程度高的篮球、足球、棒球，俱乐部以及商业赛事培养了大批优秀球员。国家基本上不花纳税人的钱培养球员，只需要临时组队，即可出征奥运会。纳税人没有为球员付出多少成本，球迷淡化了国家情怀，他们更多地欣赏、关注自己喜爱的球星。球员也没有太大的压力，在他们心中，奥运会冠军或许并没有NBA冠军、欧冠的分量重。

有人批评，奥运会商业化改变了体育竞技的纯粹性。什么是体育竞技的纯粹性？如果说用纳税人的钱供养的运动员和比赛是纯粹的，那么乔丹以及“梦一队”贡献的比赛难道不纯粹？去除国家主义的烟雾，奥运会还剩下什么？

03

低效率、高负债与政治投机

2000年悉尼奥运会或许是奥运史上又一转折点。萨马兰奇称赞，悉尼奥运会是“有史以来最好的一届奥运会”。为何是最好的一届奥运会？悉尼奥运会在商业运作上非常成功，在场馆建设、城市推广方面又恰到好处。

此后，奥运会的商业运作日渐成熟，但“恰到好处”却拿捏不准。比如，这次被疫情推迟的东京奥运会，争议就非常大。2021年5月的民调显示，超过83%的日本民众希望东京奥运会取消或延期，仅有14%的表示赞同按时召开。争议什么？

除了疫情，就是经济账。东京奥运会的总成本高达260亿美元，如今要把这个钱赚回来几乎不可能。受新冠肺炎疫情冲击，本届奥运会将有97%的比赛空场举办。门票收入从计划的8亿美元缩水到几千万美元。能否延期举办，疫情过去再办？

2020年4月《日本经济研究》曾做过一份统计，如果东京奥运会延期1年，相关场地维护管理费以及各竞技团体举办资格赛所需的经费等，合计将会达到58亿美元。

如果取消东京奥运会，日本政府已经为此投入了巨额资金，这是一笔难以承受的沉没成本。主场馆新国立竞技场由1964年东京奥运会主场馆改造而成，但也花费了约14亿美元。除了67亿美元出自东京奥组委，其他接近200亿美元全部由日本政府承担。

更何况，根据与国际奥委会签署的协议，东京方面无权取消奥运会。如果东京拒绝举办，那么日本需要归还大笔资金给国际奥委会，还要向电视转播商和赞助商赔付巨额违约金。如果菅义伟首相取消奥运会，他的政治生涯很可能也要因此结束。日本政府硬着头皮也要把这届奥运会办下去。

如今，主办国政府很少借助奥运会打国家主义、民族主义的牌，但在努力搞凯恩斯主义式政绩。主办城市官员试图借奥运之名大搞基建设施投资，带来短期的就业与增长，博取政治绩效。日本政府也有此意，前首相安倍晋三在申奥时说过："我想让奥运会成为扫除通货紧缩和经济衰退的触发器。"

1988年汉城奥运会，新崛起的韩国急于向世界展示"汉江奇迹"的伟大成就。当然，韩国此举非常成功，也促使韩国实现了历史性跨越。汉城奥运会开启了新兴国家展示国际影响力，以及借此加快国家基础设施建设的先例。从2000年悉尼奥运会后，俄罗斯、巴西等新兴国家热衷于申办奥运，在基建上投入的预算规模惊人。2008年金融危机后，全球货币大放水，刺激了新兴国家以及像日本这类发达国家借奥运扩张财政。

比如，2014年索契冬奥会预算是500亿美元，俄罗斯政府将85%的资金投入基础设施建设上，大部分设施是新建的。政府告诉民众，我们不仅在办奥运，还在改善城市基础设施。

但是，民众很快知道，这种基建疗法犹如具有副作用的特效药，带来了短期的经济增长，却导致了长期的负债和浪费。

奥运会主办城市的基建扩张导致预算严重失控。从1960年开始，奥运会预算平均超支率高达172%。2000年悉尼奥运会后更甚。2004年雅典奥运会原定预算45亿欧元，最后扩张到近90亿欧元。希腊政府欠下巨额债务，纳税人苦苦支撑，撑到2008年爆发主权债务危机；为了偿还2014年索契冬奥会的债务，俄罗斯纳税人每年需要多缴纳接近10亿美元的税收。到这届东京奥运会，在2013年申请时，日本政府定下的预算是75亿美元。此后多次变更预算，到2020年发布第五版预算计划时，已耗资154亿美元。但是按照日本政府审计，这届奥运会花费应该在260亿美元左右。

举办奥运会为何总是亏本，甚至还击垮了国家和城市财政？

奥运基础设施建设费用昂贵，奥运会结束后商业价值微乎其微，还需花费大量资金维护。主办城市需要建设一个容纳一两万人的奥运村，需要配置几万个房间，以及各种服务设施。奥运会后，奥运村的豪华设施几乎长期闲置，每年维护费用超千万美元。比如，2000年悉尼奥运会的主场馆每年维护费用达3000万美元；2004年雅典奥运会建造的大多数设施几乎已荒废；2016年里约热内卢奥运会的多数场馆在一年后就被废弃或闲置，奥林匹克公园被关闭，奥运村空置。

大规模无效、低效的基建，除了带来负债、通胀以及廉价的情绪，其他什么也没增加。2012年伦敦奥运会期间创造了4.8万个临时工作岗位。但会后，这些临时工作岗位便自动消失了。奥运会过后，主办城市容易陷入负债高企、经济衰退的困境。这就是“后奥运低谷效应”（Post-Olympics Valley Effect）。

如今，各国民众逐渐意识到，借钱看豪华烟花晚会，太奢侈了。

以2024年奥运会申办为例。德国汉堡计划申办，但全民公投时因超过半数市民反对而退出。意大利总统开始宣布罗马申办，但罗马市议会担心开销太大会给纳税人增加负担，市长拉吉反对不实用的基础设施项目，意大利撤回了申请。匈牙利的布达佩斯也迫于市民压力而放弃申办。美国最开始让波士顿申办，但波士顿支持者没有超过50%，然后改由洛杉矶申办。这样，只剩下两个城市竞争：一个是法国巴黎，另一个是美国洛杉矶。2017年在瑞士洛桑举行投票时，巴黎包办了2024年奥运会，洛杉矶包办了2028年奥运会。是不是有点凄凉？

奥运会，问题出在哪里？

奥运会并不是一个好项目，而是一门糟糕的生意。有人说，商业化破坏了奥运精神。其实恰恰相反，奥运会不够职业化、市场化、商业化，使得各方陷入了“囚徒困境”。

用一句话来说，奥运会的模式将政府置于经营者、投资者的角色。奥运会主要参与主体其实是各国政府。政府行政权力的垄断性和代理人制度的昂贵成本，决定了各国在奥运会上的投资是低效的。这激励了政治投机主义。

20世纪80年代之前，各国政府出钱培养运动员参赛，相当于政府直接经营体育市场。低效的经营花费了大量的财政，政府只能从国家情怀上增强心理效用，以弥补纳税人的经济损失。如此，奥运会在当时容易沦为民族情绪的宣泄口以及国家利益的角斗场。

80年代之后，职业运动崛起，奥运会开始了市场化改革，自由市场培养运动员，政府更少或不直接参与对体育项目的经营。比如，在奥运会开赛前，美国田径、游泳项目均从全国所有运动员中选拔。所以，奥运会在1984年的洛杉矶重新焕发生机。

但是，奥运会的冷门项目比较多，很多项目职业化程度低，很多国家用纳税人的钱来培养运动员参赛，相当于政府直接参与经营。

更大的问题还在于奥运会主办城市不得不为大量职业化程度低的项目建设场馆和提供服务。这些场馆的后期利用率极低，导致了大量的浪费。在代理人制度成本极高的国家，这种浪费是极为惊人的。

与足球世界杯相比，奥运会投入更大、亏损更大。为什么？区别在于市场化程度。世界足球的职业化程度非常高，多数国家基本上不花纳税人的钱培养足球运动员。而且，足球场的后期利用率很高。政府在世界杯上扮演的角色更像是组织者，而不是经营者、投资者；而在奥运会上则恰恰相反。所以，看世界杯，我们的内心更纯粹，更能享受到体育竞技的魅力。

最近十多年掀起全球货币大潮，代理人制度在财政与货币约束上不足，激励主办国政府攻城略地，不仅直接经营体育项目、奥运会项目，还直接投资大城市。但是，后果就在眼前：烟花易冷，自掏腰包。

东京奥运会开幕，奥运神话落幕。这不是坏事。

历史观

历史，如明镜，可自省，可鉴世。读史，有清风拂面、豁然开朗之感。

而经济学视角下的历史，就犹如一条曲幽小径，绿意盎然，趣味丛生。以经济学逻辑探寻历史，有时能从另一维度给文化史、社会史、政治史以照映、解读。

香港：民族窗口，中美支点

1872年（同治十一年）5月，李鸿章在《筹议制造轮船未可裁撤折》中称：

"臣窃惟欧洲诸国，百十年来，由印度而南洋，由南洋而中国，闯入边界腹地，凡前史所未载，亘古所未通，无不款关而求互市……此三千余年一大变局也。"

1872年12月26日，清廷批准李鸿章奏折，设立轮船招商局。这是中国第一家股份制企业。李自掏腰包拿了5万两银子，以"李积善"的名义入股。

第二年1月17日，上海洋泾浜南永安街上锣鼓喧天、鞭炮齐鸣，轮船招商局上海总局开业。北面与之遥遥相对的正是英法租界。

上海总局成立的第二天，轮船招商局香港分局成立。这是中国第一家境外企业。

还是1873年，招商局轮船"伊敦"号由上海首航，开辟了中国第一条近海商业航线。首航目的地便是香港。

从此，香港逐渐成为民族命运的窗口，以及国家利益角逐的支点。

01
香港：中国抗战的生命线

在20世纪30年代之前，上海是远东的“十里洋场”。

轮船招商局坐镇上海，与英国太古、怡和及美国旗昌三大洋行争夺长江水系的控制权，香港及海运市场并非战略重点。

不过，1938年，招商局、上海、香港及中国的命运都发生了改变。

这一年，日本先后集结30万兵力强攻上海，淞沪会战爆发，中日两国进入绞肉机般的鏖战状态。

此时，香港的地位骤然提升，成为关系国家命运的战略支点。

当时欧战没有全面爆发，英国尚未对包括日本在内的轴心国宣战。因此，英国殖民统治下的香港成为中国唯一可能安全的城市。上海滩商人、文人、名流以及大量难民纷纷涌入香港，香港立即成为移民和流亡者的城市。

30岁的秦邦礼随着南移人潮悄悄来到香港，化名杨廉安，成立了一家名叫“联和行”（Liow&Co）的公司。这就是华润的前身。

秦邦礼是博古（秦邦宪）的胞弟，戴着一副眼镜，操着一口吴侬软语，儒雅斯文。早在1931年，他就拿着陈云交给他的两根金条，在上海、汕头等地开办了6家“中法药房”。

以药房为掩护，秦邦礼将重要文件、药品、无线电器材及战略物资，从上海、香港，走广东汕头、大浦，经福建永定、上杭，再徒步走山路，送到中央苏区瑞金。

抗战爆发后，陈云指派秦邦礼化名为杨廉安，拿着转让药房的结余资金赶赴香港，在最热闹的中环毕打街毕打行六楼成立了“联和行”。在他的家乡话无锡方言中，“联和”与“廉安”发音相近。在这座拱形门廊的英式骑楼里，“联和行”如大隐隐于市。

这一次国难当头，杨廉安身负重担。开始，杨廉安的主要任务是与廖承志、潘汉年领导的八路军香港办事处，以及宋庆龄领导的保卫中国同盟，联手在香港和海外开展大规模的战略物资输送及抗日募捐活动。

后来，八路军香港办事处被港英政府查封后，这一工作的重任全部落到了“联和行”身上。

杨廉安不辱使命，将募捐到的钱物，经秘密通道送至广州后，辗转运抵武汉、重庆办事处，再分批转运到抗日前线，为浴血奋战的将士输送了大批西药、通信器材、棉纺鞋袜、运输车及军需用品。

白求恩、柯棣华、巴苏华、米勒等几十名医术精良的外国医生，也是从“联和行”这个隐秘通道北上的。

香港，成为中国抗战的一条重要生命线。

由于中国工业基础薄弱，大量战略物资严重依赖进口。日本想方设法地切断中国军用物资的海外供给，在淞沪会战前便派出精锐武装封锁了中国沿海口岸。

1937年12月，中国万里海疆除了澳门、香港及广州湾，全部被日军封锁。中国与外界联系的通道只有三条：

一是经由新疆地区通往苏联的西北公路。但当时苏联正在筹谋西线战事，无暇东顾。

二是法属印度支那通道。但法属印度支那先对中国实行武器弹药、飞机及航空材料禁运，后因日本施压，关闭了该通道。

剩下的唯一一条通道就是香港。

香港背靠内地，面朝南海，为珠江内河与南海交通的咽喉，是中国南部的门户，是连接东南亚的重要据点及世界的航海要冲。

在远东大都市、中国最大海港上海沦陷后，香港立即成为中国抗战中最重要的战略物资转运通道。

1937年9月，香港进出口货物激增，因长江口被敌人封锁，大量原运沪货物改道香港。这一年，经香港进口的货物，内地占到了34.2%。

抗战初期，“约75%的外援物资都从香港经广九铁路运送到广东和全国各地”。广九铁路隶属西南运输公司，是中国抗战的运输大动脉。该公司在香港设立分处，仅1938年2—10月，由铁路输入的物资就达13万余吨，其中军需用品占1/4，其余为五金、油类、机件等战略物资。

香港俨然成为中国对日经济战的最前沿阵地，是破解日本经济封锁的关键支点。“香港港湾仓库里的军需物资堆积如山”，日本则不断就香港转运抗战物资一事对英国政府施压，要求关闭香港通道。

英国方面认为：“保持该线路（指香港通道）开放对中国人来说是生死攸关的。”美国国务院认为，中国能否坚持抗战下去，香港作为转运中心的作用是一个关键因素。

英国政府出于远东利益考虑，坚持香港的开放地位，保证运输通道作用。

1938年10月，广州沦陷。日本进一步施压英国，后者迫于压力于1939年7月宣布禁止从香港运出军火、卡车、石油等物资。

当时，日军已经封锁香港，经常轰炸珠江及深圳一带，封锁所有河流和铁路，以切断香港这条通往内地的物资供应线。

香港通道遭受打击，不得不转入地下，变成一条隐蔽而迂回的抗战生命线：

一部分通过走私，将石油由帆船从香港运往惠州、淡水、大亚湾及粤战时省会曲江，再输送到内地，运送量仅1941年就达到150万加仑以上。

另一部分则是先用轮船从香港运到越南北部港口海防或泰国的仰光，再通过滇越公路或滇缅公路运到中国。

“截止到1940年5月的10个月里，除了通过走私将汽油和煤油运到国内外，相当数量的卡车和飞机是从香港运到海防再转运到中国的未沦陷区，但仍有382辆卡车和60架飞机是从香港直接运送到中国的未沦陷区。”

除了物资外援，金融也极为关键。

上海沦陷后，中国最大的金融市场沦为“孤岛”。

中国银行、中国国货银行、交通银行、农民银行、中央信托局及邮政储金汇业局，快速在香港设立分支机构。央行在海外印制的钞券“均以运抵香港为终点，而本行之加印签章事务，亦由中华书局在港设厂办理”。

中央银行在香港设立了通讯处，主要负责外汇管理、侨汇、口岸汇款、印制货币等业务。在1941年下半年之前，内地汇往上海的款项必须先绕道香港，由香港中行出面联系上海的收款人，转由在香港的其他机构或商号代为取款或转汇上海。

考虑到钞票安全及质量，国民政府委托国外公司印制，香港成为战时四大行货币印制的重要基地。

“嘱各行在香港方面与各印制钞公司洽印钞券，计中央银行向中华书局接洽订印，中国、交通两行向商务、大东两家订印，中国农民银行向大业公司订印。”1939年2月至1941年6月，中美签订了4次易货借款，中英签订了2次信用借款，基本上都是通过香港输入。中央银行口岸汇款七八成都是购买战时用品，借款最多之处也是香港，仅1940年就达3600余万元；上海次之，为1530余万元。

1941年抗战形势危急，国内物资极为匮乏，通货膨胀高企。四大行开放沪港商业汇款，仅下半年重庆14家商业银行就由沪港汇入6079万余元，其中香港为2228万元。同期后方各地方四大行承汇港沪款项共计5297.5万元，其中香港为3351万余元，超过一半。

为了增加外汇收入、维持外汇稳定及提升进口能力，国民政府财政部成立贸易委员会，管理下辖富华贸易公司、复兴商业公司、中国茶叶公司，与隶属实业部的中植公司，着力出口茶叶、桐油、猪鬃、生丝、羊毛、肠衣等。

此时隶属财政部的轮船招商局，一部分由总经理蔡增基率员撤迁至香港；另一部分则直接投入抗战，在长江要塞沉船24艘，共34520吨位，占招商局江海传播总吨位的40%。

沉船抗日，山河悲壮。

中植公司以驻港机构为据点，开展桐油贸易，短短数年间，营业额达1.24亿元，其中外销占70%，直到香港沦陷业务才被迫中止。

贸易委员会决定“将东南各省所产之茶，全部运抵香港交苏”，驻港富华贸易公司向苏联输送大量的茶叶、桐油、猪鬃，换回了重要的武器装备和军用物资。

中国向美方借款2500万美元，以7万吨桐油偿还，贸易及收付款皆由复兴商业公司香港分公司办理。

原定5年期，复兴商业公司3年便还清全部贷款，“博得美国朝野的同情与赞赏，树立了我国债信，将来于对外借款上关系甚大”。另外，西南公司仅1939年从香港输向欧洲的钨砂、锡、锌、纯锑、生锑等矿产就达12640吨，赚取了不少外汇。

1939年度中国外汇仅结进港币92.4万余港元，到1941年11月底接近1639万港元，增幅之大、数额之高，远远超过英镑、美元、越南盾。

当时的香港，成为中国的金融命脉，是经济抗战的最前线。

日本攻占上海后，日伪银行在沦陷区发行了“满洲国券”“联银券”“华兴券”等纸币，严重扰乱了上海外汇市场，大量货币外逃，国民政府在1938年前后半年内就损失了1000万英镑，接近外汇储备的1/5。

外汇市场损失惨重，直接威胁到公共信用，货币快速贬值，金融体系危在旦夕。

这是一场极为艰巨又不容有失的货币战争。

这时，中英美经济会议多次在香港举行，三国为维护币值稳定而在香港成立了汇兑平准基金委员会。

1940年，德国闪袭比利时、荷兰，欧战扩大化，国际资金疯狂涌入上海，来自东南亚的20亿外汇返回中国，成功狙击了日伪货币。

这时，香港设立的汇兑平准基金委员会趁机收复失地，中英美三方分别出资2000万美元、5000万美元和500万英镑，打击外汇投机和黑市交易，日伪“华兴银行”倒闭，日伪货币疯狂出逃。

这是一次关键性的胜利。“香港真正是经济抗战的中心。”

不过，1941年12月7日清晨，日本海军偷袭美国夏威夷海军基地珍珠港，太平洋战争爆发。几乎在同时间，日本大举围攻香港，不久香港沦陷。

香港沦陷后，中国唯一对外窗口、贸易基地及金融中心被摧毁，中国在港资产损失惨重。日本开始南北夹击，全面封锁中国，抗战开始进入最为艰难时期。

山河破碎之际，香港与内地同在，中国人共赴国难，可歌可泣。

02
窗口：冲破封锁的地下道

日本投降后，中华大地风云再起。

“联和行”再次扮演了香港贸易通道的关键角色。战役打到哪里，“联和行”的物资就供给到哪里；前线需要什么，“联和行”就供给什么。

只是此时，“联和行”有一个今日国人耳熟能详的名字——华润。

1948年，“联和行”与一并在香港创建的“党产”，以及广大华行、五丰行等，共同组成“华润公司”。“华”代表中国，“润”取自“润之”，蕴含“中华大地，雨露滋润”的美好寓意。

这一年，辽沈战役打响，华润的主要任务是打通香港与东北的贸易通道。

这年秋天，华润购买了自己的第一条轮船，命名为“东方号”。

主持东北财政工作的陈云与杨廉安密切配合，“东方号”以及租用的苏联货轮满载着货物，不断航行在香港—大连、香港—天津之间，为前线运送军需物资，也为后方城市运输民用原料及商品，以支持恢复生产、平抑物价。

此时，东北局实行战时统购统销政策，统管进口，需要什么就由华润从香港进口；出口则由市场决定，华润负责将东北的大豆、皮毛等特产，经由朝鲜运往香港出口，换取的外汇再用于购买药品、医疗器械、军备及军用物资。

华润，也就成为新中国对外贸易规则的先行者。

如此模式，在战时被大规模复制，战后成为计划经济的雏形。

曾经有位华润领导说过："如果说淮海战役的胜利是百万支前民工用小车推出来的，那么小车里装的许多军需物资则是华润提供的。"

1948年9月，周恩来致电钱之光（华润首任董事长），让他以解放区救济总署特派员名义前往香港，会同方方、章汉夫、潘汉年、连贯、夏衍等，从事接送在港民主人士进入解放区参加筹备新政协的工作。

几经周旋，华润分四批将柳亚子、章伯钧、沈钧儒、谭平山、许广平和周海婴等350多位著名民主人士、700多位文化名人及爱国华侨，从香港秘密送到东北解放区。他们随后进入北平，参加了首届政协会议。

后来，朝鲜硝烟弥漫，西方国家对中国进行全面经济封锁及禁运。

中国再次遭遇封锁，只是对手从日本变成了西方阵营。

所幸的是，我们还有香港这个对外窗口。

一年之后，香港的作用立即凸显出来。香港的特殊身份，可以作为中国与世界沟通的桥梁，也是中国与西方国家的关系缓冲带；

在特殊时期，香港还能成为中国对外的隐秘通道。

于是，香港再次成为突破经济封锁的前线窗口。

但是，当时的形势极为严峻。中国工业化水平极低，汽车、飞机、坦克等都无法独立生产。

华润不得不再次成为外贸领域“冲封锁，反禁运”的先锋。

作为内地在海外最大的现汇来源窗口，华润不仅要在西方封锁的夹缝中把战略物资引进来，还要将中国内地的原料、商品卖出去，以换取更多外汇。

1951年，华润公司成立了运输公司兴隆行，在香港组织人员，将物资运往澳门南光公司，再由南光公司转运至珠海拱北进入内地。当时运输的物资主要是钢板、汽车轮胎、橡胶、盘尼西林、烧碱、铁皮等军用物资，以支援朝鲜战争及内地经济。

当时，华润代理了150类、上千种出口物资，但是港澳商人、西方商人不方便直接进入内地实地考察，华润只能将样品摆在香港办公室，以方便客户看货。华润出口部时任经理吕虞堂回忆：“我们在办公楼里做了七个陈列柜，将国内七个出口总公司的展品放在这里，买家来了先看货、后签合同。”如此，前来看货的商人逐渐多了起来。

受展柜的启发，时任华润公司总经理张平同意出口部在香港开辟一个展室并试办一次大型展览。1956年元旦，华润举办的“中国出口商品展览会”开幕，吸引了不少香港商人、市民和海外游客。此次展览带来了大量订单，甚至超出了当时国内的生产供应能力。

香港展销会的成功，引起了外贸部的极大关注。

这年春季，时任副总理李先念批准在广州筹办一场规模更大的出口商品展会，华润公司则负责邀请港澳和海外商人。同年11月

10日，中国出口商品展览会在广州开幕，这就是广交会的前身。

1962年3月20日，751次快车从武汉江岸出发，行程1254千米，历时53小时，满载着运往香港的出口商品，开进深圳。在751次快车开行100列时，在上海、郑州加开两列快车（753次、755次）。

这“三趟快车”开了20年没有间断，成为中国在特殊年代物资进口、出口创汇的生命线。而这“三趟快车”的终点站都是香港，都是华润五丰行。

华润的进出口贸易额从1950年的5000万美元一路激增至1978年的30.5亿美元，在我国对外贸易总额中一度占30%的份额。

当时主要进口国内紧缺的五金、机械仪器、化工等工业制成品、半成品及原料，出口矿产、食品、杂品、丝绸、茶叶、粮油、畜产、土特产等农产品。

陈云评价：“华润就是第二外贸部。”

香港成为当时中国对外贸易、资金往来、信息互通、技术引进的关键窗口。

中苏关系恶化后，香港几乎成了中国与世界保持联系的唯一通道。其时，幸好有香港，这把“漏勺”在西方经济封锁的铁幕底下挖开了一个漏洞，为中国照进了一米阳光，帮助了这个新成立不久的国家。

香港由于它的特殊身份及地位，每次在中国最艰难的时候，都为我们这个民族留下一个关键“出口”。

当年，清朝将香港割让给英国。半个多世纪后，兴中会、光复会、华兴会、同盟会跃跃欲试，它们多以香港为据点，或革命资金多来自香港这一隐秘的通道。

抗战时期，大量的物资、资金，源源不断地从香港进入内地，香港再一次挽救民族于危难。

当时香港的各界工会、青年团、妇女会、学生赈济会、同乡会、华商会纷纷成立，以金钱或物资支援抗战。各种捐款、献金、义卖、义演、募捐物资、购买救国公债，轰轰烈烈，群情激昂，令人动容。

1937—1940年，港澳同胞对广州等地支援抗战的汇款分别达到3.8亿元、5.1亿元和10.2亿元。[①]1941年，香港华商总会募得债款1000万元。70多名中环及深水的小贩合力举行义卖，众多小贩及商人也纷纷加入，结果一个月内便筹得款项超过100万港元。

在西方经济封锁中，香港发挥着独特而关键的作用。

1978年，国门打开，西方世界虽无比好奇但望而却步，为中国改革开放事业贡献第一笔投资的，还是香港。

03
支点：中美角逐的新战场

1978年12月26日，原东江纵队联络处处长、日后“新蛇口”的领军人袁庚，乘坐交通快艇“海燕八号”从香港中环码头出发，抵达蛇口码头，踏上了这块农田遍布的土地。

不久之后，这个地方建起了中国第一个对外开放的工业区——蛇口工业区。

---

① 不是按自然年份统计，只是选取期间的三个统计周期，参考：张东雁.略论香港在抗战时期的特殊作用（1937.7—1941.1）[J].广西教育学院学报，2007（5）.

承担建设蛇口工业区的公司正是香港招商局，这是一家书写中国百年商业跌宕史的传奇公司。

然而，这也是一家命运多舛的公司。1949年5月，上海解放，招商局被上海市军事委员会接管。随着全国各地的陆续解放，招商局的分支机构大都回到人民的怀抱。滞留在香港及境外的招商局部分船舶也高举义旗，纷纷回归内地，奠定了新中国航运业的基础。

招商局“海辽”轮从香港赴汕头应差途中，船长方枕流宣告起义。香港招商局13艘货轮、两家航空公司数十架飞机属于中华人民共和国财产。

不过，在经济封锁年代，招商局处境极为艰难。

招商局的元老之一郑观应在《盛世危言》中开创性地写道：

“欲攘外，亟须自强；欲自强，必先致富，必首在振工商；欲振工商，必先讲求学校，速立宪法，尊重道德，改良政治。”

“欲自强”的招商局不再秉承创始人李鸿章“师夷长技”遗志，而是学习郑观应的“敢为天下先”。

时年106岁的招商局再一次率先听到了时代的脚步声，成为改革开放的先锋。

袁庚正是招商局第二十九代掌门人、时任常务副董事长，他把握住了时代的脉搏。

袁庚是深圳客家人，出生在宝安大鹏区王母圩村中和里，早年参军，后参加过解放珠江三角洲战役。1949年，已经是炮兵团长的他率部解放了深圳。

袁庚任职招商局时，公司正处于蛰伏期，他却大胆地向中央提出建设蛇口工业区的构想。当时，党的十一届三中全会还未召开，深圳特区还要一年之后才成立。

1979年1月31日上午10时，袁庚赶到中南海，拿出所有带着的地图，请中央领导批示工业区用地。时任副总理李先念准备将整整36平方千米的南头半岛都划给他。

袁庚吓了一跳，立马说："我怎么敢要这么多？"袁庚做了一件让他终身后悔的事，他只要了2.14平方千米。

李先念又拿起红铅笔在地图上画了一圈，笑着对袁庚说："那就给你这个半岛吧。"

这个半岛就是后来的蛇口工业区。

"蛇口"是一个珠江汇海口延伸出来的半岛，与香港元朗仅一湾之隔。在特殊的年代，不少人为偷渡香港而葬身海湾。但从蛇口工业区破土动工的那一天开始，这一悲剧也就成了历史。

在这个仅仅2.14平方千米的半岛上，袁庚做的第一项大工程便是移山填海兴建码头。一年后，一个600米泊位、可停靠5000吨以下货轮的蛇口码头建成，工业区与香港通航，打开了对外开放的第一道闸门，从此货船商客穿行航道。

袁庚在工业区管委会的门口竖立了一块招牌，上面写着召唤时代的12个大字："时间就是金钱，效率就是生命。"

不过，当时中央对改革试验田的态度是，不纳入中央计划，不拨款，通过松绑政策支持。中央给予袁庚的"松绑政策"是自主审批500万美元以下的工业项目和允许对外资银行举债。

袁庚没有像当年唐廷枢一样以公开募股的方式解决资金问题，而是回到香港，向港商和银行借来15亿港元资金，用这笔钱来平整土地和建设工业区基础设施。

这15亿元港资，打开了内地的大门。

改革开放，特区成立，蛇口破土，华润等香港中资公司纷纷回内地搞建设。荣毅仁成立的香港中信等“窗口公司”成为中国招商引资的桥梁，大量港资进入内地兴建工厂，香港成为了点燃中华大地经济发展的引信。

1978年9月，东莞虎门太平手袋厂拿到工商批文“粤字001号”。这家工厂是中国“三来一补”企业的开山鼻祖，其老板是香港商人张子弥。

当时，濒临破产的张子弥带着几个手袋和一些碎片，乘车穿越连绵的绿色原野，来到虎门。他的香港信孚手袋厂与太平服装厂达成合作协议：张子弥提供原材料和设备，东莞方面出厂房、人力，赚取加工费，每个月加工费的20%偿还给张子弥作设备款。

虎门太平手袋厂的投产，拉开了香港生产线北迁、港资投资内地的帷幕。从此，粤港共同打造珠三角制造业基地，东莞逐渐成为世界制造业的中心。

多数来内地投资的港商都是新中国成立之前或者后期，逃荒或偷渡进入香港的“移民”。他们成为内地第一批投资客，包括霍英东、李嘉诚、李兆基等巨商。

1980年伊始，香港商人霍英东向广东省政府提出兴建一家五星级宾馆的设想。

几乎在同一时期（1980年1月1日），一位叫刘天就的香港商人与政府签订了深圳第一个土地租赁协议。他计划在这块地上建一栋房子，并取了一个完全没有革命色彩的名字“东湖丽苑”。不久，他拿着房子的设计图纸到香港，仅仅3天就将“纸上”的108套房子销售一空。

3年之后，霍英东旗下的维昌公司投资兴建的白天鹅酒店，赫然矗立在风光旖旎、曾作为英法租界的广州沙面岛上。

港资在内地的成功，逐渐吸引了20世纪90年代的美资、日资、韩资以及中国台资大举进入。

香港，作为自由港，之于中国是那样的独特。

1986年4月23日，关贸总协定确认香港为一个单独的关税地区。目前，在WTO中存在四个单独关税区，即欧洲联盟、中国香港、中国澳门和中国台北。该区域的货物进出境的监管、关税及其他各税的征兑均按该地区政府法规执行。

中国香港的关税几乎为零，是世界自由港，也是中国出口的贸易支点。

作为单独关税区，香港在国际自由贸易市场中，享受更多的配额及优惠税率。很多内地的产品，先进入香港，然后再从香港自由港出口到全球各国。如此，在一定程度上可以绕过西方国家对中国的进出口限制。

尤其是在发生贸易摩擦时，香港的“漏勺”功能无比重要。

目前，中国内地对外最大贸易地区，排名第一的是美国，总比占19%；第二便是香港，中国内地对香港贸易总比占14%。

这是什么水平呢？中国对日、对韩、对德三国贸易总和才勉强达到中国内地对香港特别行政区的贸易值。2018年，中国内地有价值331亿美元的通信设备、258亿美元的集成电路设备、167亿美元的计算机设备出口到香港。

香港如今已是全球重要的贸易、航运及金融中心。

另外，香港也是内地企业融资最重要的境外渠道。在港交所，内地的上市公司数量占比为60%左右，总市值占比为70%左右，成交额占比更达80%左右。

2018年，港交所新上市公司218家，融资规模达2880亿港元，其中包括来自内地的小米、中梁、海底捞、美团、映客、中国铁塔等。

1997年至今，中国内地企业在香港集资规模达11000亿港元。

香港拥有国际性的人才及全球技术吸引力。香港之于中国，还是绕过技术封锁的重要支点。

总之，香港与内地，一衣带水，休戚与共。

香港，这颗璀璨的东方明珠！它是特殊的，只有以历史视角、世界格局、家国情怀，才能真正感知其沧桑与芳华。

香港曾经是中国抗战的生命线、民族的窗口，如今成为中美利益交汇与角逐的关键支点。

洞悉历史，洞察时局，香港与内地应该心照不宣、山鸣谷应才是。

参考文献

[1] 中国银行经济研究室.一九三七年香港对外贸易概况[J].中行月刊,1938,16（3）.

[2] 陈刘洁贞. 1895年–1945年间的中英两国与香港[M]. 香港：香港中文大学出版社,1990.

[3] 中国第二历史档案馆. 中华民国史档案资料汇编第五辑第二编财政经济[M]. 南京：凤凰出版社,1997.

[4] 重庆档案馆. 四联总处史料下册[M]. 重庆：中国档案出版社,1993.

[5] 孔祥熙. 财政部三十年度重要工作之检讨与今后之改进办法[J]. 财政评论,1942.

[6] 秀岛达雄. 香港、海南岛之建设[M]. 东京：松山房,1942.

[7] 吴学先. 红色华润[M]. 北京：中华书局,2010.

国家何以兴衰：权力的游戏与大国的代价

“普天之下，莫非王土；率土之滨，莫非王臣。”（《诗经·小雅·北山》）

国人的大国情结，或许与对“国家”概念的总体性认知传统有关。这是一种抽象的认知，包含着被道德化、总体化、自然化的解释。

与总体性概念相对的是，有限国家概念。在有限国家概念中，学者将地域意义上的国度（country）、民族共同体（nation）、暴力统治机器（state）以及行政执行机构（government）加以区分。

进入现代社会，国家之兴衰及荣辱、国民之尊严及富有，取决于国人抽象抑或是具象的国家认知，以及在此基础上建立的国家制度。

17世纪中叶，荷兰阿姆斯特丹港口一艘艘商船驶向浩瀚的大洋，这个“风车之国”乘风破浪雄霸全球。之后，英国、法国、德国、美国、日本等纷纷切换赛道，迅速崛起。当然也有阿根廷等不少国家掉入“坑”里。

如今，中国只用了40年的时间便大幅度缩小了与发达国家之间的差距。中国凭借规模优势成为全球关注的大国。

未来，中国是继续乘势而起，如德国、日本、韩国般成功拿到发达经济体的入场券，还是如阿根廷、墨西哥、巴西、南非等国家一样滑入“中等收入陷阱”？

从新制度经济学角度来看，制度是理解现代人类进化的钥匙。“中等收入陷阱”即制度陷阱。国家之兴衰，取决于制度之优劣。

“制度变迁理论”开创者、美国经济学家道格拉斯·诺斯认为，制度具有决定性作用。他说：“除非基础知识产量增长，否则，新技术发明最终将陷于收益递减。”

诺斯提出了一个著名的“诺斯悖论”：“国家的存在是经济增长的关键，然而国家又是人为经济衰退的根源。”

诺斯认为，人类史上一共出现过三种社会秩序：原始社会秩序、限制进入秩序、开放进入秩序。

原始社会秩序是指人类以狩猎、捕鱼和采集野生食物为生阶段的早期社会。限制进入秩序在人类历史上已存在上万年，这个阶段相匹配的政治体制是“自然国”。开放进入秩序则是现代国家的概念，具有政治开放和经济发达之特征，与之匹配的政治体制则是“法治国”。

在诺斯看来，目前大多数国家仍然处于“自然国”状态。在“二战”后，只有少数国家完成了这一社会转型。在当今世界，大约25个国家和15%的人口生活在开放进入秩序的社会中；另外175个国家和85%的人口仍然生活在自然国家中。

要观察一国能否崛起，关键是看其能否从自然国转型成为法治国。

01 自然国

古代制度的优势

国家起源学说众多，如柏拉图、亚里士多德的自然起源说，奥古斯丁、阿奎纳的国家神权说，霍布斯、洛克、卢梭的社会契约论，以及马基雅维利、马克思和恩格斯的国家剥削论（掠夺论），其中社会契约论最为流行。

洛克和卢梭认为，在自然法状态下，人类天生就是自由、平等和独立的。由于世界险恶，个人势单力薄，人们不得不团结起来，将一些个人权利让渡给一个集体组织，然后聘请代理人（政府）行使公权力，来保护每个人的人身及财产安全，主要责任是提供公共用品。

社会契约论者将国家视为一个“公司”，国民是股东，政府是代理人，个人与国家之间是契约关系。这个契约保证每个人的权利平等和自由。

卢梭说：“创建一种能以全部共同的力量来维护和保障每个结合者人身和财产的结合形式，使每一个在这种结合形式下与全体相联合的人只不过是他本人，而且同以往一样自由。”

洛克和卢梭所说的契约国，其实是法治国的概念。他们与霍布斯都认为，国家是人性邪恶的产物，国家的作用是防止人作恶。

但是，卢梭和洛克的契约国显然有些理想。当今世界，真正按照平等的社会契约组成的法治国，也不过20多个。大多数国家更接近于霍布斯所描述的“臣民对主权者必须绝对服从”的“利维坦”。甚至，不少国家所谓的社会契约，最终走向了马基雅维利主义。

为什么当国民让渡部分权利组成国家后，公权力却将这个国家带向霍布斯的强政府社会，甚至是马基雅维利的“明君”统治的国家，洛克和卢梭的社会契约最终被强权践踏？

诺斯比洛克、卢梭更进一步，从制度的角度揭示了社会契约执行的难度。

诺斯认为：“尽管契约论解释了最初签订契约的得利，但未说明不同利益成员的利益最大化行为，而掠夺论忽略了契约最初签订的得利而着眼于掌握国家控制权的人从其选民中榨取租金。”

现实中，国家起源更可能来自暴力学说，而不是卢梭、洛克提倡的外生力量。“人们为了私利而争斗，呈现出一切人反对一切人的战争状态。”这时，人们只能寄托于一个强人或强人组织出现来保护自己。

以暴制暴，是早期国家组建的原因。

霍布斯在《利维坦》中写道：“在没有一个共同权力使大家慑服的时候，人们便处在所谓的战争状态之下。这种战争是每个人对每个人的战争。”

诺斯认为：“所有社会都必须设法抑制或制止暴力，但不同社会采取的方法是不同的。比如最普遍的自然国家对暴力的控制，是通过赋予那些有暴力潜能的个人或组织以一定形式的特权或政策红利，从而建立在政治对经济的操纵基础上。”

换句话说，现在绝大部分国家所处的所谓“自然国家”，其面对的核心问题就是以暴制暴。

在中世纪，欧洲大陆上的土地多得像空气一样充裕，自由民或农奴为什么不在广袤的土地上开垦庄园，而去领主庄园中租赁土地耕种，缴纳沉重的地租和赋税，甚至沦为领主的私人财产

（奴隶）？

“因为乡村受到北欧海盗、穆斯林、马扎尔人乃至土匪等抢劫帮伙骚扰的威胁，任何有较大价值的地区都要由城堡和受过训练的兵士保护。”

经济学家李嘉图还因此产生了误解。李嘉图认为，以前的土地非常多，不需要支付地租。地租产生是由人口增加、土地肥力递减导致的。

其实，中世纪时期的所谓广袤的土地，并不是经济学上严格定义的生产要素。只有领主庄园内受到城堡、骑士保护的土地才是真正具有经济价值的土地。而地租和赋税，其实是一种保护费——设防的城堡和具有作战技术的骑士提供了地方安全（公共用品）。

所以，这种庄园制度，不是社会契约论中的平等契约。“为了达到一个最高尚的目的，可以使用最卑鄙的手段。”

在领主庄园中，农奴与领主之间是人身依附关系，不存在所谓的平等契约。西方有一句名言——“我的附庸的附庸，不是我的附庸”，准确地描述了这种契约关系。

“农奴除了束缚在土地上外，还要为他的女儿出嫁付出一笔奴役性罚金即结婚税。他死时其最好的牲畜还要被征收遗产税，或称死手权，他得按领主的旨意交钱纳税；他的谷物得堆放在领主的磨坊里。”“他们的劳动还要供给军事统治阶级和有关神职人员的衣食之需，而这后两种人则通常给他们以短暂的安宁、公正、教导和戒谕。”

“这样，庄园的习惯法已经成为不成文的‘宪法’，或者说实质上已成为无政府社会的一种重要的制度协定。最适合地说，这个世界是一个个孤立的小村落，常有一处堡垒作保护，四周荒野环绕。”

所以，我们通常说的所谓古罗马帝国其实不是一个真正意义上的“国家”，而是由一个个独立性很强的领主庄园组成的城邦联盟。这一领主制形态，与中国商周时期比较接近。

诺斯认为，这种国家设立的目的并不是保护契约成员，而是利用其防御性质的公权力（城堡与骑士）促使统治者租金最大化。

在诺斯看来，这种自然国转型成为法治国的关键有两点：

一是确定私有产权，私有产权具有激励性。

二是降低交易费用，使社会产出最大化，从而增加税收，提供更多公共用品，服务纳税人。

私有产权及交易费用的制度安排，在中国封建社会的推动作用是非常明显的。中国商周时期的封建体制，类似于欧洲中世纪的领主制。

商周时期贵族和国王都是一家人，由姬、韩、赵、魏、智、范、中行多个姓氏的贵族统治，依据亲疏来封地。天下井田为周王所有，贵族、领主向周王缴纳地租和赋税。我们经常说，周天子家天下。

当时生产力水平低下，贵族亲属治国信任成本低，是交易成本最低且权力租金最大化的一种制度。

后来，铁器革命爆发，地方诸侯、贵族、领主大力开发私田耕种（自己所有），而荒废公田（无产权，赋税重），井田制开始瓦解，产权制度发生了变化。

久而久之，强枝弱本，周天子难控局面。到了公元前685年，齐桓公命管仲改革，废除井田，设立盐官、铁官、税官及铸钱机构，建立行政体系。在“尊王攘夷”之后，周王朝王权旁落，封建领主制瓦解。

春秋五霸、战国七雄打成了“一锅粥”，最后秦国一统天下。

秦国商鞅变法，推行了废井田、重农桑、奖军功、实行统一度量和建立县制等一整套改革。“开阡陌封疆”，实行土地私有制；“集小都乡邑聚为县”，废除分封制；按军功赏赐二十等爵，废除旧世卿世禄制。

这种新的产权制度安排，明显更具激励性，符合当时正在崛起的士大夫利益。

铁器革命爆发，私田大量被开垦，华夏肥沃土地上的粮食产量大增，因此，秦朝有足够的财力供养一支职业化军队以及公务员队伍，从而建立了一整套集权国家体系。

从此，中国走上了高度集权的封建郡县制的道路。

与古希腊城邦的商贸经济不同，农业经济强调自然循环，拒绝交易，惧怕风险。在一块肥沃的土地上，权力结构稳定，农民不流动，人口稳定繁衍，世世代代种地，粮食及生活自给自足，这是成本最低、风险最小的理想状态。

于是，为了降低交易风险，统治者实施“书同文、行同伦”，建立“以正君臣，以笃父子，以睦兄弟，以和夫妇”等级森严的纲常保障。农民依附在土地上，不流动，不思考，只干活。

通过科举制度，让最优秀的人去做官，而不是经商和搞科研。科技的发明不能破坏农业的稳定以及统治的权力。但凡有科技不受控，比如火药，很容易被压制。

这样，每个人很清楚自己的角色和本分，每个人各尽其责、坚守本分，人口能够持续繁衍，社会秩序自然稳定。整个社会的交易成本大幅度降低，风险更小，资源配置的效率也更高。

可见，统治者利用孔孟之道建立了一个权力租金更高、交易成本更低的国家机制。统治者通过构建一套消灭市场的制度来降低交易费用，弱化社会分工，退回到一套封闭的自然经济体系之中。

与欧洲庄园制度相比，这套封闭的制度无疑是先进的，私有制激发了劳动积极性。与早期古希腊、古罗马商业制度相比，这套封闭的制度也是先进的，因为其交易费用更低。

古希腊、古罗马受制于盐碱化的土地，只能发展商业谋生。在当时，生产力低下，靠交易生存无疑是极为不稳定的。反观古代中国，在一个封闭的自然经济体系中，社会分工及交易环节极少，交易费用低，春耕秋收极其稳定。

在古代社会，人的寿命很短，人口繁衍是大事。《礼记 · 曲礼上》说“二十曰弱，冠”，行了成人礼后经“父母之命媒妁之言”成家立业、传宗接代。

孔子说，“父母在，不远游，游必有方”，儒家强调“百善孝为先”，用各种礼教来约束人的行为和自由。

这样，社会以最小的成本、最稳定的方式实现传承。反过来，当时依靠国家养老、市场投资养老都是非常不靠谱的。

但是，这套制度本质上是有利于统治集团、无效率的产权结构。

诺斯认为：“理解国家的关键在于为实行对资源的控制而尽可能地利用暴力。”统治者企图确立一套基本规则，几乎消灭了市场，以保证自己的“垄断租金”最大化，因而会阻碍经济增长。

经济学家科斯曾经说，交易费用为零，市场效率最大化。张五常则不以为然，他认为，交易费用为零，不存在市场。

古代统治者为了降低交易费用（交易风险）而完全消灭市场交易，采用高度计划的方式（自然经济）安排生产与社会。在生产力落后、物资匮乏的时代，这是一种更为高效、安全的方式，只是这一方式最终会走向死胡同。

所以诺斯说："从自身利益出发，统治者往往可能维持或建立一套无效率的产权制度。"由于自然国具有建立在排他、特权、租金创造之上的内在力量，是稳定的秩序，因而要完成其转型极度困难。

自然国的结局是什么？

"自然国能够提供一种长时段的社会稳定，并能为经济增长提供某种环境条件，但是总存在孕生社会动乱的可能性，从而暴动和内战经常是一种可能的结果。"

自然国的悲剧，往往是反复踏入历史的暗流。即使在私有产权中，统治者也会构建一系列制度促使自己的垄断租金最大化。即使交易费用降低促进了经济增长，统治者也会利用经济力量以及一切科技力量维持统治。最终，经济或国家崩溃于自然国的马尔萨斯陷阱。

自然国如何才能跳出历史周期律？

02 法治国

现代国家的代价

在农耕时代，中国不论在自然经济还是国家机制方面都做到了极致。很可惜的是，近代世界突然切换赛道，不搞农业搞工业，不搞自然经济搞市场经济，发达的自然国却成了极为严重的历史负担。

当今世界，历史负担越重的国家，向法治国转型越困难。哈耶克认为，未来民族国会走向法治国。人们可以根据自己的意志及法治原则，构建一个具有共同法律意志的国家。但是，这种法治国在民族情绪浓厚的东亚国家只能是个奢望。

如何才能从自然国过渡到令人羡慕的法治国？

经济学家约拉姆·巴泽尔认为，人类社会一开始是处于霍布斯丛林，建立国家源自保护需求。但是统治者也是自利的，他们在创建统治机制后便会滥用其权力。只有当建立能够控制统治者的机制时，如法律体系和决策程序，初始的自然国才会渐渐演进为一个法治国。

纵然巴泽尔引入了博弈论予以解释，但对于自然国而言，至高无上的统治者转变为被限制的统治者，这又谈何容易？张五常的老师阿尔钦说过，有效率制度必然替代无效率制度。但是，改变无效率制度的困难程度令人难以想象。

除非在一个新大陆上“画圈”，就像美洲大陆一样，由一群来自不同国家的清教徒根据协商出来的共同原则，在这片新土地上建立一个他们想要的国家。这就是法治国家的制度优越性。

但是，为什么同是美洲大陆的巴西、阿根廷没有成功转型成为法治国？事实上，早在哥伦布之前，维京海盗曾经因迷航而到过美洲大陆，为什么维京海盗没有建立法治国？

社会学家马克斯·韦伯用“新教伦理”进行了解释。韦伯对国家有一个经典的解释，即“国家拥有合法使用暴力的垄断权”。韦伯把现代国家等同于职业官僚体制，是“新教伦理”所孕育的理性秩序不断扩展的结果。

韦伯认为，马丁·路德、加尔文领导的宗教改革形成的新教伦理，如禁欲精神、追求现实生活、热爱劳动，与资本主义所需要的资本积累、务实进取高度契合。

新教徒选择的是“吃得舒服”，追求今生之乐；天主教徒则宁愿“睡得安稳”，苦修来世之福。新教徒奉行“不劳动者不得食”，把赚钱本身当作一种目的、一种职业责任、一种美德和能力的表现。

“工商界领导人、资本占有者、近代企业中的高级技术工人，尤其是受过高等技术培训和商业培训的管理人员，绝大多数是新教徒。”

传统基督教反对利息，有息贷款于1312年就被教皇克莱芒特五世禁止。但是，“新教后来为利息做出了这样一种非常的辩护：资本供应者贷出的货币，尤其是贷给富人的商业贷款或有权势者的政治贷款，得到商业利润是应该的，利息只是借贷双方共享这些利润的合法形式”。

事实上，时至今日，新教国家的经济水平整体要好于传统天主教国家。西班牙、葡萄牙是典型的传统天主教国家，它们对阿根廷、巴西的国家基因影响巨大。美国、加拿大则是由新教徒构建的国家。

从拜占庭帝国开始，罗马教皇为了强化统治，将教权凌驾于政权之上，世俗政府势力相对较弱。14世纪四五十年代，欧洲暴发了极为恐怖的“黑死病”（欧洲中世纪大瘟疫），夺走了欧洲1/3人口的生命，严重地打击了宗教势力。

拜占庭帝国灭亡，中世纪结束，宗教改革兴起，世俗政府及国家势力崛起。这时，欧洲才真正出现典型意义上的国家。欧洲国家并未在封建制度上纠缠太久，很快转型为法治国。

最先突破的是宗教势力、世俗政府势力最弱的尼德兰。

“尼德兰，特别是北方七省是西欧逃脱马尔萨斯抑制的第一个地区。”

尼德兰属于欧洲西北部沿海低地北方省，是被欧洲人遗弃的不毛之地。在16世纪中期之前，它还不是一个国家，先后受哈布斯堡王朝、神圣罗马帝国、西班牙的统治，但是教皇势力和世俗政府对该地的管控渗透不足。

15世纪地理大发现后，尼德兰凭借优良的阿姆斯特丹港口以及宽松的宗教及政治统治，吸引了各国流民、逃离城邦的农民、海盗、渔民、投机者、手工业者聚集于此，以捕鱼、贸易及手工业为生，日渐成为欧洲商贸中心。

在这种条件下，尼德兰最容易诞生人类历史上第一个法治国。

不过，这群形形色色的流民、贸易商、手工业者，最初对国家并不感兴趣，他们关心的是谁来保护他们日益增加的财富不被海盗、盗贼洗劫。

开始，这群人在国家管理问题上选择用商业手段来解决。他们先后与西班牙、英国协商，它们提供防护，他们缴纳税收。后来，西班牙和英国抽税太重，北方七省就联合起来自己组建国家，雇佣管理代理人来保护商业，因而与西班牙爆发了80年战争。

1588年，商业快速发展的7个省份联合组成荷兰联省共和国。这时，“国家利益和社会先进部门的利益就在这一地区出现了幸运的结合”。

史学家称，它是世界上第一个“赋予商人阶层充分政治权利的国家”。这也是历史上第一个法治国。

这个法治国，是近代世界崛起的第一个强国。

“荷兰不是依靠自然的恩赐，而是发展了比其对手有效的经济组织，并在这样做的过程中获得了在经济上和政治上都与其国家之小规模不相称的重要性。”

1688年，荷兰建国100年，一支庞大的舰队从阿姆斯特丹港拔锚起航，这些船上载着荷兰的最高执政官威廉三世。受英国议会的邀请，威廉三世前去保护英国国民的“宗教自由和财产”。

为了避免当年斯图亚特王朝复辟的前车之鉴，英国议会上下两院决定向威廉三世提出一个“权利宣言”。这一宣言的核心是，用法律限制王权，以及任何天主教徒不得担任英国国王。

威廉三世接受了这些要求，成为英国国王。不过，他成为英国史上第一位王权受到法律约束的英国国王。这一伟大的举动被称为“光荣革命”。

第二年，英国议会通过了《权利法案》，这部法案只有短短十三条，其中第一条即“凡未经议会同意，以国王权威停止法律或停止法律实施之僭越权力，为非法权力”。

这部法律的颁布，标志着英国王权受到约束，确立了“议会至上”原则，保证了议会拥有立法权、财政权、司法权和军权等。

“王在法下”和“议会至上”成为从自然国转型为法治国的基石。

从此，英国继荷兰之后，成为第二个崛起的近代国家。

可见，从自然国到法治国的关键，并不是诺斯强调的私有产权的确立和交易费用低下的制度，而是“王在法下”的国家制度。换言之，只有建立“王在法下”的制度，私有产权的确立和保护，以及降低交易费用才有意义。这一主张，解决了“诺斯悖论”。

王权受到约束后，英国的工业制度，包括从荷兰学来的股票交易制度、股份公司制度以及第一部专利法才发挥出巨大的作用。

但是，在现实中，只有当统治者的预期收益高于他强制推行制度变迁的预期成本时，强制性制度变迁才会发生。但是，当预期收益达到时，统治者往往又会建立低效的强权制度来强化统治。

所以，从自然国到法治国，注定是一个反复博弈、来回挣扎的漫长过程。

在诺斯看来，英国和荷兰的制度都是成功的，而西班牙和法国则是失败的。西班牙和法国都是传统教权和封建王权统治强大的国家。传统的历史包袱、强大的旧势力，给这两个国家的法治国之路设置了极大的障碍。

不过，其实法国是成功的。只是与英国相比，法国旧制度与大革命的博弈更加艰难、残酷、血腥以及失控。这个国家付出了极为沉重的代价后，才真正步入法治国行列。

1793年，疯狂的革命党人砍下了国王路易十六的头颅，整个法兰西陷入着魔般的失控。此后3年，被斩首的“反革命分子”达7万人之多。法国贵族被彻底剿灭。

法国作为欧洲传统农业国，具有非常明显的“自然国”特征，也是欧洲步入法治国最为艰难、曲折、血腥的国家。这个国家付出的代价，令整个欧洲王族、贵族生畏，也让原本支持法国大革命的美国开国者们大跌眼镜。

除了法国外，另外一个经历了残酷战争的国家便是德国。

法国大革命时期，德国还是一个四分五裂的农奴制国家。1864年开始，“铁血宰相”俾斯麦发动了三次王朝战争，德国才得以统一。之后，威廉一世与俾斯麦推行富国强兵的政策，德国迅速崛起于欧洲大陆。

但是，到了威廉二世时代，强大的国家主义、骄纵的民族主义推动这个国家往外扩张，最终引爆了第一次世界大战。

“一战”结束后，这个国家的国民选举了希特勒上台试图一雪前耻。不幸又导致了“二战”爆发。

所以，德意志从自然国到法治国，人类付出了无比惨痛的代价。这个强悍的民族，经过炼狱般的洗礼，最终明白了人类文明的真谛，也找到了灵魂的归宿。

我们再来看看阿根廷。

20世纪初，凭借大量粮食和牛肉出口，阿根廷成为世界经济大国，被誉为“世界的粮仓和肉库”。

但是，阿根廷其实是封建农场主的后代，这个国家并没有彻底地搞过一次革命。大萧条开始，阿根廷人告别了田园牧歌式的生活，军人政府上台。此后，庇隆主义与民粹主义一直反复折腾这个国家，经济跌宕起伏。

自1982年拉美债务危机以来，阿根廷爆发了9次金融危机。这个曾经快速增长的新兴国家，最近几十年反复踏进同一条历史河流，在货币及债务危机的泥潭中无法自拔。

时至今日，阿根廷依然不是一个法治国。阿根廷等国掉入的“中等收入陷阱”其实是制度陷阱，是既得利益者对制度建设的反噬。这就是已故经济学家杨小凯所说的后发劣势。

对于取得一定经济成就的自然国而言，防止后发劣势，避免开倒车和反噬制度是关键。

从自然国到法治国，是一场场血腥的权力的游戏，或许是国家无法回避的代价。

03 乌托邦

未来世界的困惑

美国这个国家的建立，更符合法治国的预设条件。

通常认为，美国的立国精神来自著名的“五月花号”。1620年9月16日，这艘从英国普利茅斯出发的船只，载着包括男、女及儿童在内的102名船员，其中35人为清教徒，开往北美。

在登陆之前，这群人制定了一个共同遵守的公约——《五月花号公约》，41名自由的成年男子在上面签字。

公约这样写道：“为了上帝的荣耀，为了增加基督教的信仰，为了提高我们国王和国家的荣耀，我们漂洋过海，在弗吉尼亚北部开发第一个殖民地。我们这些签署人在上帝面前共同庄严立誓签约，自愿结为民众自治团体。为了使上述目的能得到更好的实施、维护和发展，将来不时依此而制定颁布被认为是对这殖民地全体人民都最合适、最方便的法律、法规、条令、宪章和公职，我们都保证遵守和服从。”

这份公约，被认为是北美大陆第一份自治公约，代表着“人民可以由自己的意思来决定自治管理的方式，不再由人民以上的强权来决定管理”。

国家未立，先有合约意识及自治公约，这无疑是法治国的良好基因。但是，这与美利坚的成立还有相当大的距离。

独立战争胜利后，北美13个殖民地摆脱了英国的统治。在美国大多数开国者看来，英国的政体属于强权政府，美国必须避免重蹈覆辙。

因此，美国13个州的势力及大部分开国者，都在努力避免建立一个强有力的中央政府。于是，他们最终成立了一个极为松散的联邦国家，联邦政府，甚至国会都是象征意义的存在。

在1781年生效的《邦联条款》中，第1条说这个联盟叫“美利坚合众国”；第2条声明，“凡未经本邦盟召集之国会明确授予合众国者外，各州保留其主权、自由与独立及所有权能、领域与权利”；第3条说各州加入的是“一个稳定的友好联盟”。

《联邦条款》没有给予国会征税权、关税管理权以及管理州际贸易的权力。1781年至1783年，国会计划向各州征收1000万美元的财政费用，结果只收到不足200万美元。国会曾向各州要求对所有进口货物征收5%的关税，但遭到州政府的拒绝。

国会的任何重要决定都至少需要9个州的批准才能最后生效，修改《邦联条款》则需13个州的一致同意。有些州甚至不愿意派代表参加国会，使得国会会议都无法正常举行。

另外，州与州之间的矛盾尖锐，联邦政府难以调和。联邦政府没有设立中央银行，各州分别发行州货币，导致流通困难，通胀加剧。各州为保护自身利益，发动贸易战，对他州商品课以重税。

当时，杰斐逊出任国务卿，整个部门只有寥寥数人。亚当斯出任驻英大使，他的困惑在于美国有的州并不遵守1783年的美英和平协定，而联邦政府却无法对其进行制裁。

诺斯认为：“我们（美国）故意建立起一个效率低下的政治制度，防止受到一个效率很高但想干坏事的政府的危害。”

在这种制度下，美国的中央政府及国会很难起到应有的作用。独立后的美国很快陷入严重的财政、税收及债务危机，联邦政府一度濒临破产。英国人甚至认为，美国作为一个完整的国家难以维持下去。

1783年，费城军营发生的一次兵变迫使国会仓促解散，搬离费城，后几经周折才迁到纽约。这时，一些开国者意识到，羸弱的联邦政府及国会可能会将美国拖入万劫不复的深渊。

华盛顿后来在给友人的一封信中说："我认为国会必须拥有比目前更多的和更广泛的权力；合众国的每一部分都深深感到了国会的无权和无能为力带来的影响。"

于是，1787年5月25日至9月17日，美国开国者们召集各州代表在费城召开制宪会议，试图通过制定一部完整的宪法，在捍卫自由的共和制与联邦制原则的同时，扩大联邦政府及国会的施政空间。

《美国宪法》草案制定后，为了说服纽约州批准新宪法，汉密尔顿、麦迪逊与杰伊三人一共撰写了85篇文章，收录成为著名的《联邦党人文集》。

开国者们都致力于宣扬民主自由、共和制及联邦制原则，但在联邦政府权力及合众国定位方面，他们内部意见并不统一，甚至是针锋相对。

代表农场主利益的杰斐逊主张"小政府主义"，希望将美国建设成为一个田园牧歌式的国家。汉密尔顿则强调"强国家理论"，试图建立一个强有力的中央政府，以工业立国，推动北方制造业发展。

汉密尔顿指出："我们的国家制度存在着实质性的缺陷，必须设法使我们摆脱迫在眉睫的混乱状态。"

他为强政府辩护，"政府本身若不是对人性的最大侮辱，又是什么呢？如果人都是天使，就不需要任何政府了"，"明智而热情地支持政府的权能和效率，会被诬蔑为出于爱好专制权力，反对自由原则”，但实际上，“政府的力量是保障自由不可缺少的东西”。

当时，联邦政府因独立战争而债台高筑，政府无力清偿债务，国家随时可能破产，同时因为没有足够的财力阻止他国占领本国的领土及要塞，不能保证密西西比河的自由航行。整个国家政务废弛，债台高筑，工业薄弱，土地贬值，货币混乱。

汉密尔顿无奈地说：“我们既无军队，又无钱财，也无政府。”他甚至对美国人发出警告：“要么接受新宪法，要么分裂联邦。”

所幸的是，《美国宪法》最终通过了，挽救了联邦分裂危机。这部宪法为美国自治政府、代议制、三权分立、自由学说以及共和制确立了法理基础。

大众文化理论家约翰·费斯克认为，从1783年到1789年是“美国历史上的危急时刻”。

此后，联邦财政危机依然严峻，如何强化联邦政府信用是一个巨大的挑战。

华盛顿在这一过程中起到了关键作用。华盛顿起用了杰斐逊担任国务卿，然后把强势人物汉密尔顿任命为财政部长。杰斐逊和汉密尔顿斗争日渐白热化，华盛顿暗中支持汉密尔顿建立起强势政府。

汉密尔顿顶住压力，走马上任后在短短几年内推出了一系列改革措施。他首先承诺由联邦政府偿还各州在战争期间所欠的债务，然后发行巨额国债。这一举措迅速恢复了国家信用，同时获得了各州政府的支持，还强化了联邦政府通过新宪法征税的权力。

汉密尔顿向国会递交了《国家银行的报告》，主张成立中央银行。国会最终同意设立第一家国家银行和铸币厂。美债与美元，很大程度上奠定了美国金融体系的基石。

汉密尔顿还向国会递交了一份雄心勃勃的《关于制造业的报告》。在这份无比完整、详尽的报告中，汉密尔顿毫无保留地展现出他的大政府主义野心。

汉密尔顿主张工业立国，以国家的力量发展制造业，通过采用补贴的方式扩大工业生产，对本国制造业予以关税保护（幼稚产业保护理论）。

不过，这份报告遭到了包括杰斐逊、麦迪逊、亚当斯等大多数开国者的强烈反对，华盛顿也颇为难。于是，这份报告最终被国会搁置。

一般认为，美国是在一个新大陆上建立的法治国，其建立过程充满博弈与斗争。从某种程度上说，正是因为杰斐逊与汉密尔顿对“国家”概念的理解不同，造就了美国具有弹性的国家制度。

日裔美籍学者弗朗西斯·福山认为，有的国家职能范围很大，但国家能力却很弱；有的国家职能范围很小，但国家能力却很强。

以美国为例，福山说：“美国建立的是一套有限政府制度，在历史上就限制了国家活动的范围。但在这个范围内，国家制定及实施法律和政策的能力非常之强。”

美国富有弹性的国家制度，比较好地将个人权利、有限政府与国家利益相结合。美国避免了霍布斯主张的“利维坦”（德国），也避免了田园牧歌式的道路（阿根廷），更接近亚当·斯密界定的国家概念。

大多数人认为，斯密主张自由放任，反对国家干预。但是，斯密并非拒绝国家职能，他在《国富论》中界定了国家或君主的职责：①保护本国社会的安全；②不使社会中任何人受其他人的欺辱或压迫；③建立并维持某些公共机关和公共工程。

美国国会搁置了汉密尔顿的制造业计划，避免了大政府主义。但是，关税保护主义在之后却得到了强化。1812年美英爆发战争，美国国会为了增加收入将关税提高了一倍。10年后，美国国会通过了新的关税案，几乎所有的工业品关税上调至35%~40%的水平。这种高关税一直维持到了大萧条时期。

美国南北战争（美国付出的代价）统一了全国市场，强化了联邦政府的权威，却更加解放了自由市场和个人权利。在南北战争之前，美国联邦政府从法国手上购得路易斯安那后，大肆扩张国土面积。

美国从西班牙手上夺得佛罗里达，强迫英国签约将领土控制延伸至大西洋沿岸，在美墨战争后购买了墨西哥95万平方英里的国土，将国界线延伸至太平洋东岸，控制了加利福尼亚金矿。到1853年，美国国土面积达303万平方英里，比宣布独立时的版图增加了7倍多。

美国吞并大量土地后，联邦政府成了最大受益者。这些新扩张的土地所有权归属联邦政府，联邦政府大量出售土地获得巨额土地财政，用以支付独立战争欠下的债务。这一结果是，联邦政府成为最大的“地主”和食利者。

美国南北战争爆发后，林肯总统颁布了《宅地法》。这部因战争而颁布的法律，将大部分国有土地以近乎免费的方式分配给了新移民，这就直接终结了美国联邦土地财政的历史，同时也推动了美国土地私有化。从1862年到1900年，至少有60万个迁入美国西部的家庭从中得到了好处。

这就是诺斯强调的私有产权的确立具有激励作用。私有产权也是一种交易费用较低的制度，更低的交易费用促进了经济增长。诺斯将交易费用的下降视为经济增长的关键源泉。

不过，诺斯也指出了美国体制存在的问题。诺斯研究发现，在美国经济中，交易费用已从1870年占国内生产总值（GDP）的25%，上升到1970年的45%。不少学者认为，美国的交易费用占国内生产总值的比重超过50%。

从短期来看，交易费用在下降，经济在增长；但是，从长期来看，交易费用一直在上升，经济效率不断下降。这被称为“诺斯第二悖论”。

张五常的解释或许有些启发。由于产权确定有成本，张五常认为“从生产的角度看所有权是不重要的”，他更强调使用权的作用。

张五常在《经济解释》的“收入分配与国家理论”中这样论述：

“这里有一个左不成右不就的选择：市场经济可使国家富有，但往往要考虑收入再分配；不需要考虑再分配的制度要放弃市场，但国家贫穷是效果。原则上当然应该先选富有然后再作打算，这是历史上多数国家的选择。然而，因为利益团体的操作与穷人的要求无尽，收入再分配要办得妥当很困难。”

我们看中国的情况，改革开放初期，私有产权确立的阻力大、成本高。于是，张五常“建议北京把所有权与使用权分离——国家保持土地的所有权对经济发展不会有不良影响”。

不确权，以使用权驱动，实际上是一种节省交易费用的办法，但是往后发展，交易费用不降反升，阻力会越来越大。张五常也敏锐地将原因概括为分配问题。

其实，市场本身是一种最为重要的分配制度。若舍弃确权，相当于放弃了这种最好的分配制度。即使使用权降低了交易费用，激活了经济，但是分配问题依然会非常突出。

从美国债务规模来看，美国主权债务不断持续上涨，交易费用越来越高。主要原因正是张五常所说的“利益团体的操作与穷人的要求无尽”之间的矛盾。美国在私有产权确立方面有优势，但是经济结构依然严重影响分配问题。

最近40年，美国发展了金融资本主义模式，金融业、跨国公司及富豪的财富增长迅速，而中产阶级、制造业工人的收入停滞不前。美国两党不管谁担任总统，都大力扩张货币，提高选民福利，以获得政治选票。这是美国债务规模及交易费用高企的重要原因。

因分配问题产生的交易费用，可以理解为“内耗”。长期交易费用上涨，最终导致经济增长缓慢，甚至陷入停滞。

在科技革命低潮时期，社会容易陷入存量瓜分的马尔萨斯陷阱，因分配产生的内耗将大幅度提高交易费用。

所以，从产权到货币、财政、产业政策，再到分配制度，都应该指向诺斯所主张的“降低交易费用”。

但是，如果国家夹杂过多利益纷争及意识形态，其利于降低交易费用的制度通常阻力重重。

诺斯认为，国家是一种不可控的、神秘的、超经济的力量。其实，将国家问题有意搞得过度复杂，那才是最糟糕的。

参考文献

[1] 道格拉斯 · 诺斯. 暴力与社会秩序[M]. 杭行,王亮,译. 上海：格致出版社,2017.
[2] 卢梭. 社会契约论[M]. 何兆武,译. 北京：商务印书馆,2003.
[3] 霍布斯. 利维坦[M]. 黎思复,黎廷弼,译. 北京：商务印书馆,1985.
[4] 道格拉斯 · 诺斯. 西方世界的兴起[M]. 厉以平,蔡磊,译. 北京：华夏出版社,2009.
[5] 马基雅维利. 君主论[M]. 刘训际,译. 北京：中央编译出版社,2017.
[6] 贝内特，霍莱斯特. 剑桥中世纪简史[M]. 张学明,译. 北京：北京大学出版社,2007.
[7] 道格拉斯 · 诺斯. 制度、制度变迁与经济绩效[M]. 杭行,译. 上海：格致出版社,2008.
[8] 约拉姆 · 巴泽尔. 国家理论[M]. 钱勇，曾咏梅,译. 上海：上海财经大学出版社,2006.
[9] 马克斯 · 韦伯. 新教伦理与资本主义精神[M]. 康乐,简惠美,译. 北京：生活 · 读书 · 新知三联书店,2019.
[10] 亚当 · 斯密. 国富论[M]. 谢宗林,李华夏,译. 北京：中央编译出版社,2011.
[11] 张五常. 经济解释[M]. 北京：中信出版社,2015.